Comentários ao
Acordo de Previdência Social
Brasil-Japão

Wladimir Novaes Martinez
Advogado especialista em
Direito Previdenciário.

Comentários ao Acordo de Previdência Social Brasil-Japão

LTr

LTr

EDITORA LTDA.
© Todos os direitos reservados

Rua Jaguaribe, 571
CEP 01224-001
São Paulo, SP – Brasil
Fone: (11) 2167-1101
www.ltr.com.br

Produção Gráfica e Editoração Eletrônica: Peter Fritz Strotbek
Projeto de Capa: Fabio Giglio
Impressão: Digital Page

LTr 4701.0
Outubro, 2012

Dados Internacionais de Catalogação na Publicação (CIP)
(Câmara Brasileira do Livro, SP, Brasil)

Martinez, Wladimir Novaes
    Comentários ao acordo de previdência social : Brasil-Japão / Wladimir Novaes Martinez. — São Paulo : LTr, 2012

    Bibliografia.
    ISBN 978-85-361-2320-2

    1. Direito previdenciário internacional 2. Previdência social — Leis e legislação — Brasil 3. Previdência social — Leis e legislação — Japão I. Título

12-11889   CDU-341:367.4(094.56)

Índice para catálogo sistemático:

    1. Acordo Internacional de Previdência Social entre o Brasil e o Japão : Leis : Comentários : Direito previdenciário   341:368.4(094.56)

Sumário

À guisa de prefácio 7

Introdução 9

Capítulo I — Definições gerais 21
Capítulo II — Campo de aplicação material 26
Capítulo III — Campo de aplicação pessoal 32
Capítulo IV — Igualdade de tratamento 37
Capítulo V — Pagamentos no exterior 39
Capítulo VI — Legislação aplicável 41
Capítulo VII — Disposições especiais 43
Capítulo VIII — Empregados marítimos 45
Capítulo IX — Órgãos diplomáticos 46
Capítulo X — Normas excepcionais 47
Capítulo XI — Não filiação dos beneficiários 48
Capítulo XII — Filiação compulsória 49
Capítulo XIII — Benefícios japoneses 54
Capítulo XIV — Invalidez e pensão por morte 59
Capítulo XV — Valor dos benefícios 62
Capítulo XVI — Duplicidade de filiação 66
Capítulo XVII — Benefícios brasileiros 67
Capítulo XVIII — Disposições diversas 71
Capítulo XIX — Taxas e emolumentos 73
Capítulo XX — Comunicação entre gestores 74
Capítulo XXI — Confidencialidade das informações 75
Capítulo XXII — Requerimento dos benefícios 77

Capítulo XXIII — Resolução de desacordos 79
Capítulo XXIV — Comissão Mista 80
Capítulo XXV — Explicação dos títulos 81
Capítulo XXVI — Disposições finais e transitórias 82
Capítulo XXVII — Vigência e eficácia 85
Capítulo XXVIII — Vigência e denúncia 86

Apêndice

Acordos Bilaterais do Brasil 91
Comentários ao arts. 467/486 da IN INSS n. 45/2010 93
Portaria MPS n. 204 de 10 de março de 2003 (DOU de 11.3.2003) Revogada..... 105
Portaria MPS n. 555/2010 (DOU de 30.12.2010) 109
Resolução MPS n. 136 de 30 de dezembro de 2010 111
Cronologia da imigração japonesa no Brasil 115
Visto de Entrada 119

À Guisa de Prefácio

Dada a importância do tema, é comentado artigo por artigo do Acordo Internacional de Previdência Social entre o Brasil e o Japão (AIBJ). Evidentemente, distinguindo-o dos demais ajustes bilaterais celebrados por nosso país, muitas dessas observações aproveitam os demais acordos.

Note-se que, possivelmente pela primeira vez no Direito Previdenciário Internacional, o acordo incluiu expressamente os servidores civis e militares, o que trará questionamentos formidáveis a serem futuramente solucionados. A situação desses servidores prestando serviços no exterior é nitidamente particular e gerará os seus próprios problemas. De regra, eles costumam se submeter ao nosso RPPS.

À evidência, sem aclarar se ajuíza tão somente com quem foi estatutário nos dois países ou se o tempo de celetista num país pode ser totalizado com o tempo estatutário do outro, essa última conclusão parece ser a intenção do acordo, na medida em que considera sempre o tempo de serviço prestado em duas nações.

Perquirindo-se o texto apensado ao Decreto n. 7.702/2012, será perceptível as dificuldades do regulamentador, do aplicador e do intérprete para apreender o sentido de algumas disposições. Elaborado por diplomatas não muito afeitos à ordem jurídica e não por advogados como seria recomendável, sua redação precária não tem a clareza necessária para sua validade.

Como não poderia deixar de ser diferente, enfatizaram-se os aspectos previdenciários brasileiros, de um *dekassegui* ou mesmo de um japonês solicitando um benefício aqui no Brasil.

Os dois países não têm legislação exatamente igual. A previdência social japonesa não está unificada nem uniformizada (como, aliás, acontece um pouco com a nossa proteção social) e, por isso, para tornar mais fácil o entendimento, são apresentados exemplos numéricos ilustrativos dos diversos cenários.

Ab initio vale ressaltar e relembrar os postulados fundamentais dos acordos internacionais e desse tratado bilateral entre o Brasil e o Japão:

a) Igualdade de tratamento — Os japoneses no Brasil e os brasileiros no Japão detêm os mesmos direitos dos nacionais desses dois países.

b) Totalização dos períodos de trabalho — Cômputo do tempo de filiação, de serviço e das contribuições realizados nos dois territórios para fins de definição dos direitos ao período de carência e percentuais do salário de benefício.

c) Cálculo do salário de benefício — Utilização das contribuições japonesas ao benefício brasileiro e das contribuições brasileiras ao benefício japonês.

d) Divisão proporcional dos encargos — Cada país assumirá o pagamento da renda mensal hipotética segundo a proporção dos períodos de cobertura.

Tendo em vista que o acordo prevê dois benefícios imprevisíveis e que não exigem período de carência, ele suscita a questão da obrigatoriedade da aplicação dos seus termos a um benefício quando isso não convier ao titular do direito. Até porque se aplicado o acordo, o valor será dividido em duas partes e uma delas terá de ser recebida no Brasil ou no Japão.

O acordo foi celebrado para favorecer e não para prejudicar. *In casu*, julga-se que se o período de cobertura nipônico não for necessário à definição do direito, que ele não deva ser operacionalizado. Essa obrigatoriedade deverá ser definida porque até mesmo na aposentadoria por idade, aquele que veio do Japão, de volta ou imigrando, e aqui completou 180 contribuições, tem interesse em somente receber no Brasil.

Ainda que ele se refira a todos os acordos bilaterais do Brasil e diante dos esclarecimentos que presta, julgamos necessário comentar os arts. 467 e 486 da IN INSS n. 45/2010 ao final, quando do Apêndice. E apresentar cópia de algumas Instruções Normativas (especialmente sobre os organismos de ligação).

O leitor se dará conta de que alguns temas não foram esgotados e que permanecem em aberto, esperando que o tempo ajude a solucioná-los.

Wladimir Novaes Martinez

Introdução

Decreto n. 7.702, de 15.3.2012 — DOU de 16.3.2012

Promulga o Acordo de Previdência Social entre a República Federativa do Brasil e o Japão.

A PRESIDENTA DA REPÚBLICA, no uso da atribuição que lhe confere o art. 84, inciso IV, da Constituição, e

Considerando que a República Federativa do Brasil e o Japão firmaram, em Tóquio, em 29 de julho de 2010, o Acordo de Previdência Social;

Depois de tratativas técnicas e diplomáticas havidas desde 2006, que são costumeiras e demoradas, finalmente o Brasil e o Japão concluíram a redação das cláusulas relativas a um ajuste bilateral entre os dois países visando a um acordo internacional de previdência social.

O tratado foi assinado em Tóquio e sua amplitude diz respeito ao Brasil e ao Japão, mas se refere, em alguns casos, *en passant* também aos trabalhadores de outros países.

Considerando que o Congresso Nacional aprovou o Acordo, por meio do Decreto Legislativo n. 298, de 30 de setembro de 2011;

Atendendo a nossa Carta Magna, o Congresso Nacional aprovou os termos do referido acordo internacional. Ainda que por decreto legislativo, isso lhe comete a força de lei.

Considerando que o Acordo entrará em vigor para a República Federativa do Brasil, no plano jurídico externo, em 1º de março de 2012, nos termos de seu art. 27;

Rigorosamente, os acordos costumam ter duas datas do início de sua eficácia: a) quando do final da troca de Notas Diplomáticas (que tem um sentido diplomático) e b) data do início da eficácia do decreto regulamentador. No Brasil, o dia 1º.3.2012.

DECRETA:

Art. 1º O Acordo de Previdência Social firmado entre a República Federativa do Brasil e o Japão, firmado em Tóquio, em 29 de julho de 2010, apenso por cópia a este Decreto, será executado e cumprido tão inteiramente como nele se contém.

Um Acordo Internacional de Previdência Social tem força de lei, é aprovado pelo Congresso Nacional e por exigência legal deve ser amplamente divulgado para a Administração Pública e para os interessados.

Evidentemente, o "como nele se contém" é uma carta de intenções; o decurso do tempo ensinará que emergirá dúvidas que terão de ser futuramente desfeitas. Por assim dizer, pela jurisprudência administrativa.

Art. 2º São sujeitos à aprovação do Congresso Nacional quaisquer atos que possam resultar em revisão do referido Acordo, assim como quaisquer ajustes complementares que, nos termos do inciso I do *caput* do art. 49 da Constituição, acarretem encargos ou compromissos gravosos ao patrimônio nacional.

Reafirmando exigência legal, qualquer modificação do texto do acordo terá de ser submetido ao Congresso Nacional, que o disciplinará por meio de Decreto Legislativo. Normalmente, esses ajustes administrativos são muito comuns.

Rigorosamente, não seriam apenas os atos internacionais gravosos que têm de ser considerados, pois, às vezes, existem formalidades não onerosas que precisam da sanção do Parlamento Nacional.

Art. 3º Este Decreto entra em vigor na data de sua publicação.

O Decreto n. 7.702 é de 15 de março e adquiriu eficácia em 16 de março, quando foi publicado no DOU.

O Acordo é de 29.7.2010 e adquiriu eficácia em 1º.3.2012.

Brasília, 15 de março de 2012; 191º da Independência e 124º da República.

DILMA ROUSSEFF

Antonio de Aguiar Patriota

Garibaldi Alves Filho

Acordo de Previdência Social entre a República Federativa do Brasil e o Japão

A República Federativa do Brasil e o Japão,

Desejosos de regular suas relações mútuas na área de Previdência Social,

Acordaram o seguinte:

Usualmente os acordos bilaterais, como são conhecidos os acordos de previdência social entre o Brasil e outros países, não são elaborados como as leis. Aparentemente, sem a oitiva de advogados, eles seguem, por assim dizer, as nomenclaturas diplomáticas, diferentes da normatização jurídica tradicional.

Destarte, por exemplo, esses "Desejosos" e "Acordaram", que estão iniciados com maiúsculas no meio da oração.

Não adotam a sistemática de individualizar os preceitos com partes, artigos, parágrafos, incisos ou alíneas, mas observam mais ou menos essas disposições. Os artigos são apresentados em números cardinais, em vez de ordinais. Assim é o art. 5 no lugar de art. 5º.

Diferentemente da técnica legislativa nacional, às vezes um artigo dispõe de duas orações isoladas. Estranha muito a reedição de longas orações, às vezes pouco sintéticas, dificultando a compreensão do que se desejou prescrever.

Este Acordo Internacional Brasil-Japão (AIBJ), divulgado pelo Decreto n. 7.702/2012, tem cinco partes e 28 artigos; eles se dividem em parágrafos com números ordinais e alíneas (letras do alfabeto).

O acordo bilateral, propriamente dito, foi aprovado em 29.7.2010, em Tóquio, no Japão e aprovado pelo Congresso Nacional em 30.9.2011, mediante o Decreto Legislativo n. 298/2011 (DOU de 3.10.2011).

O decreto objeto desses comentários é o veículo normativo oriundo da Presidência da República. De certa forma, ele regulamenta o Decreto Legislativo n. 298/2011 e com certeza reproduz o texto do acordo na íntegra. Ele é a norma básica que regerá a matéria para fins do nosso Direito Previdenciário.

Tido como uma lei especial. (art. 85-A do PCSS)

Natureza do documento

Trata-se de um tratado internacional, bilateral, recíproco, considerado como norma infraconstitucional e que reclama minuciosa regulamentação administrativa.

Pressupõe formalidades, procedimentos, formulários e expedientes próprios.

Vigência e eficácia

O decreto presidencial é datado de 15.3.2012, foi publicado no DOU de 16.3.2012, observando eficácia retroativa desde 1º.3.2012 (terceiro considerando).

Normas interpretativas

Como uma norma jurídica reconhecida pelo nosso ordenamento, suas regras de interpretação, aqui desenvolvidas, são as do Direito Previdenciário brasileiro.

De modo curioso, no caso de dúvida do texto, portanto, uma questão vernacular, a versão em inglês é que se prestará para a interpretação (AIBJ, art. 28, § 2, *in fine*).

Construção vernacular

Como sucede com todos os acordos internacionais, a redação dos dispositivos do AIBJ é bastante precária, tornando difícil qualquer exegese. Quem quiser aplicar, integrar ou interpretar esses textos, precisa saber distintamente o significado da *mens legis* e da *mens legislatoris* ali contidas.

Os artigos são declaradamente mal redigidos. Um técnico legislativo deveria ter sido ouvido e, assim, serem evitadas incertezas como as que se veem no art. 26, 1 *usque* 6.

Conceito mínimo

Acordos internacionais, como também são chamados ainda que sejam bilaterais, são cláusulas acordadas entre dois países com vistas a oferecer benefícios e serviços previdenciários aos trabalhadores imigrantes ou deslocados transitoriamente de seu domicílio original, às vezes, de nascimento, para prestar serviços no exterior. Integrante desse ramo jurídico, não esgota as normas do Direito Previdenciário internacional.

Priscila Gonçalves de Castro os têm como "ajustes, bilaterais ou multilaterais, celebrados entre Estados, um dos quais o Brasil, tratando especificamente de previdência social, e que regulam as relações jurídicas entre as Nações em matéria de direitos em vistas de aquisição ou adquiridos quando trabalhador deixa um território e passa a trabalhar em outro" (*Teoria Geral do Direito Internacional Previdenciário*. São Paulo: LTr, 2011. p. 95).

"Tratados internacionais" é uma locução reservada para a hipótese de duas ou mais nações estabelecerem relações jurídicas, geralmente declaratórias, mas muitas vezes dispositivas. Nesse caso, vão além de verdadeiras cartas de intenções, como é o caso do MERCOSUL.

Ato internacional

Ato internacional é todo instrumento pelo qual uma pessoa jurídica de direito público externo assume obrigações e adquire direitos sobre determinadas matérias, perante outra pessoa igualmente de direito público externo.

Nota Diplomática

Nota Diplomática é uma designação específica de comunicação escrita, que as missões diplomáticas trocam por intermédio do Ministério das Relações Exteriores de cada nação, ou outro órgão correspondente do governo, em que são tratadas questões relacionadas com a gestão oficial dessas missões diplomáticas.

Missão diplomática

Missão diplomática é uma pessoa jurídica de direito público externo representativa dos países funcionando no exterior.

A disciplina da área é insuficiente e não sistematizada. A consulta é feita quase que exclusivamente nos precários textos dos ajustes.

O PBPS nada dispõe sobre o tema. A partir da Lei n. 9.876/1999, o art. 85-A do PCSS passou a cominar:

"Os tratados, convenções e outros acordos internacionais de que Estado estrangeiro ou organismo internacional e o Brasil sejam partes, e que versem sobre matéria previdenciária, serão interpretados como lei especial."

Doutrina nacional

Com exceção de *Priscila Gonçalves Castro*, a doutrina é praticamente inexistente e escassa a jurisprudência nacional, mas os seus princípios foram formulados (*Princípios de Direito Previdenciário*. 5. ed. São Paulo: LTr, 2011. p. 223-230).

Em 2012 assinalava-se pela precariedade de atendimento dos interessados, desinformação, inoperância e excessiva burocracia dos órgãos gestores. Normalmente, os documentos são redigidos por diplomatas, em linguagem não necessariamente jurídica, com fins políticos ou econômicos (Respeito aos Acordos Internacionais. *Jornal do VIII Congresso Brasileiro de Previdência Social*, São Paulo: LTr, 1995. p. 89).

Apresentam a característica atípica de, uma vez aprovados pelo Congresso Nacional e editados por meio de Decreto Legislativo, tornarem-se uma lei ordinária, a ser observada como qualquer outra.

Organismos de ligação

São órgãos públicos dos dois países que darão encaminhamento aos procedimentos burocráticos relativos à relação jurídica das prestações. No Brasil eles estão disciplinados na Resolução INSS n. 136/2010.

Ajuste administrativo

Em vez da celebração dos AIs, por vezes os países acabam adotando ajustes administrativos, como é o caso do Brasil e da Itália. Eles também são utilizados quando de modificação dos tratados internacionais.

Evolução histórica

Embora sucessivas recomendações da OIT tenham proposto a celebração de acordos previdenciários entre as nações, somente em 1970 o Brasil promoveu o primeiro ajuste sobre previdência social. Fê-lo com Portugal, reconhecendo a existência de milhões de lusitanos vivendo no território brasileiro há muitos anos e aqui radicados definitivamente, além de incorporados à nossa cultura (Decreto Legislativo n. 40/1970 e Decreto n. 67.695/1979).

Nossos primeiros convênios foram formulados com países europeus, entre os quais Luxemburgo, Portugal, Espanha, Itália e Ilha de Cabo Verde. Em razão da grande imigração de mão de obra, desde 1908, estranhando-se terem sido ignorados os laços com o Japão, pelo menos até 29.2.2012.

Posteriormente, em virtude da proximidade com países limítrofes ou não, do Cone Sul da América Latina, como Paraguai (1974), Uruguai (1978), Chile (1980), Argentina (1982). E até com a longínqua Grécia (1984).

Normas regentes

As fontes formais da matéria seguem as do Direito Previdenciário, com algumas particularidades: a) Constituição Federal, em particular os arts. 5º, §§ 2º/3º, 49, I, e 59, VI; b) legislação ordinária (Decreto Legislativo e Decreto Regulamentador); e c) arts. 85-A do PCSS e 382 do RPS.

Em caráter complementar, e não vinculante, como contribuição doutrinária, os tratados internacionais e as recomendações da OIT.

Subsidiariamente, os institutos jurídicos de Direito Internacional Público e Privado, (*v.g.*, Código Bustamante).

Natureza jurídica

A expressão "acordo internacional", em matéria de previdência social, designa não só o documento básico de aplicação como a área técnica protetiva. Tais avenças são normas bilaterais, nacionais em cada país e, portanto, componentes das fontes formais de Direito Previdenciário. Exemplificativamente, disciplinam o respeito à filiação num e noutro território e computam o tempo de serviço, conforme as cláusulas estabelecidas entre os signatários.

Os acordos internacionais são disposições legais sobre previdência social, concebidos como leis especiais, submetidos os Decretos Legislativos, às normas gerais das leis orgânicas nacionais e interpretadas como *lex expecialis*.

Não há nenhuma razão para serem editados por meio de Decretos Legislativos, de iniciativa do Congresso Nacional, quando podiam ser objetos de lei complementar ou ordinária. O acordo diplomático prestar-se-ia como lei, a ser ou não aprovado pelo Parlamento Nacional.

Princípios aplicáveis

Além dos próprios do ramo jurídico, aplicam-se os princípios da: a) solidariedade internacional; b) reciprocidade; c) igualdade de tratamento; d) proporcionalidade das obrigações; e) conservação dos benefícios em vias de aquisição; f) conservação dos direitos adquiridos; g) pagamento das prestações no exterior; h) equivalência dos órgãos gestores; i) livre circulação dos trabalhadores nas zonas fronteiriças; e j) adaptação das legislações nacionais.

Nuanças gerais

Os acordos internacionais, excetuada a particularidade de romperem o princípio da territorialidade das leis, têm as mesmas nuanças da previdência social nacional, limitados às regras convencionadas entre os celebrantes.

As principais são:

a) reciprocidade

As disposições comuns aos países contratantes devem comunicar-se a um e ao outro, reciprocamente. Trabalhadores originários do país A, situados no país B, devem ter as mesmas obrigações e os mesmos direitos dos trabalhadores do país B, quando no país A. Nenhuma restrição pode ser cometida em nenhum dos Estados convenientes, mesmo na hipótese de um deles abrigar número superior de imigrantes.

b) igualdade de tratamento

O estrangeiro terá o mesmo direito do nacional, como se assim fosse. Salvo o determinado especificamente no ajuste, não será distinguido legalmente. Isso vale até na hipótese de se referir à prestação inexistente no país de origem do trabalhador.

c) respeito à expectativa e ao direito adquirido

Direitos em curso de aquisição ou já adquiridos serão respeitados no país receptor. Dessa maneira, a carência iniciada num país pode ser completada no outro.

d) cômputo do tempo de filiação

O tempo de filiação num país será considerado no outro, com todas as consequências práticas e jurídicas.

e) divisão proporcional do pagamento

Calculado um benefício hipotético, seu pagamento será distribuído entre os convenientes conforme regras estipuladas nos acordos. Isso pode determinar certo desequilíbrio quando um dos países admite aposentação em tempo inferior ao do outro, devendo ser promovidos acertos por ocasião da celebração do acordo para não prejudicar os interessados.

f) reconhecimento das diferenças nacionais

Não é objetivo de um acordo internacional uniformizar as legislações nacionais, embora essa seja uma meta a ser alcançada por outras providências. Nesse sentido, são reconhecidas e respeitadas as nuanças próprias de cada Estado conveniente.

g) submissão a normas específicas

Os acordos internacionais não interferem na autodeterminação dos povos e, por via de consequência, são respeitadas as normas específicas de cada um deles.

h) aplicação subsidiária da legislação local

No caso de dúvida, a legislação local aplica-se subsidiariamente; inexistente regra própria no documento firmado entre os países, aplicam-se os princípios e regras de interpretação onde se der a concessão do benefício.

i) proporcionalidade das obrigações

Conforme estipulação nos acordos, cada um dos países assume proporcionalmente obrigações cifradas ao tempo de filiação em cada país.

Fontes de custeio

O financiamento das prestações pagas aos beneficiários não apresenta aspectos destacáveis; são as fontes nacionais dos demais segurados e dependentes.

Prestações disponíveis

Em razão da igualdade de tratamento, se avençado, o trabalhador de um país, quando deslocado para outro, preenchidos os requisitos legais (com o cômputo da filiação no país de origem ou de trânsito), fará jus às prestações postas à disposição dos nacionais.

Isso acontece mesmo na hipótese de não haver o mesmo direito no território originário.

Assim, exemplificativamente, segundo o ajuste celebrado com a Argentina, o platino pode contar o tempo de serviço daquele país para fins da aposentadoria por tempo de contribuição; a recíproca não é verdadeira por não existir esse direito naquele país.

São assegurados benefícios e serviços.

Tratados vigentes

São os seguintes: a) Brasil-Portugal; b) Brasil-Itália; c) Brasil-Espanha; d) Brasil-Ilha de Cabo Verde; e) Brasil-Luxemburgo; f) Brasil-Uruguai; g) Brasil-Argentina; h) Brasil-Paraguai; i) Brasil-Chile; j) Brasil-Grécia; e, agora, k) Brasil-Japão.

Tendências atuais

Caudatária a seguridade social e, em particular, a previdência social, da globalização da economia, em virtude da União Europeia, Pacto Andino, Nafta e Mercosul, a tendência é a internacionalização da previdência social.

Não só serão formulados acordos entre os diferentes países limítrofes ou não, como surgirão tratados internacionais de longo alcance, compreendendo, algum dia, todos os povos da América Latina.

Dupla filiação

O acordo visa principalmente aos trabalhadores imigrantes, mas também aos que temporariamente se deslocam dos seus territórios de origem e aos que estão embarcados, ou seja, segurados que trabalham sucessivamente em dois países e até fora deles.

Todavia, continua possível que alguém que consiga preencher os requisitos legais de dois regimes, um em cada país, poderá obter dos benefícios.

E, é claro, um japonês sem aqui estar trabalhando tem a previdência complementar aberta à sua disposição.

Ausência de acordo

Em relação à maioria dos países, com os quais o Brasil não celebrou esse acordo, não é possível o cômputo do tempo de serviço e nenhum dos benefícios previstos. Diante da multiplicidade de deslocamento da mão de obra em todo o planeta, está na hora de a ONU se interessar por isso e ajuizar sobre um acordo mundial de previdência social.

Questão atuarial

Um acordo bilateral não ofende a dimensão atuarial. Explica-se: o benefício é, de certa forma, antecipado no país concedente, mas em compensação, seu valor é menor.

Assim, um brasileiro que tenha trabalhado 20 anos no Japão e 10 anos no Brasil (aqui somente se aposentaria 20 anos depois) terá um benefício brasileiro de 1/3 do montante hipotético (que é 3/3).

Brasileiro trabalhando no Japão

Conforme o art. 12, *f*, do PCCS, "o brasileiro ou estrangeiro domiciliado e contratado no Brasil para trabalhar como empregado em empresa domiciliada no exterior, cuja maioria do capital votante pertença à empresa brasileira de capital nacional", é segurado obrigatório do RGPS.

Brasileiro trabalhando no Japão para empresa brasileira

"O brasileiro ou estrangeiro domiciliado e contratado no Brasil para trabalhar como empregado em sucursal ou agência de empresa nacional no exterior", é segurado obrigatório do RGPS (PCSS, art. 12, *c*).

Japonês trabalhando no Brasil

Qualquer estrangeiro que trabalhe no Brasil será filiado à previdência social e poderá gozar das suas prestações, sem qualquer restrição por não ser nacional.

Em outras circunstâncias, evidentemente, havendo discrepâncias legislativas, deverá se submeter as nossas normas. Casamento efetuado no exterior para fins da pensão por morte terá de ser reconhecido no nosso país.

Importância do acordo

Os principais aspectos do AIBJ são três: a) reciprocidade de tratamento; b) cômputo do tempo realizado no exterior; e c) acolhimento valor das contribuições.

Reciprocidade de tratamento

Japonês vivendo no Brasil e aqui integralizando os requisitos, sem ser servidor do AIBJ fará jus às prestações como se fosse brasileiro. Igual valerá para o brasileiro vivendo no Japão. À evidência, cada um sujeito à legislação local.

Benefício sem carência

Tendo em vista que a nossa pensão por morte dispensa a carência, resta considerar os períodos de contributivos da aposentadoria por invalidez e aposentadoria por idade para fins do período de carência da aposentadoria por invalidez e aposentadoria por idade.

Assim, se um japonês falecer no Brasil com pouquíssimas contribuições, os seus dependentes farão jus à pensão por morte, que será calculada com base numa aposentadoria por invalidez hipotética. Como este último benefício é de 100%, da mesma forma a pensão por morte, restará ao INSS dividir os encargos nacionais conforme o período de carência da aposentadoria por invalidez, de 12 contribuições.

Salário de benefício

Numa aposentadoria por idade em que o segurado teve 8 anos japoneses + 7 anos brasileiros = 15 contribuições previdenciárias, todos os 180 aportes serão considerados para efeito de cálculo.

Caso as mensalidades dos 96 meses nipônicos sejam superiores a R$ 3.916,20, este último valor é que será sopesado no Brasil.

No Japão, as 96 contribuições acima do teto brasileiro serão sopesadas. Teremos, então, duas rendas mensais hipotéticas:

Supondo-se que sejam de R$ 3.000,00 e R$ 6.000,00, o INSS pagará 7 x R$ 3.000,00/15 = R$ 1.400,00 e o Japão 8 x R$ 6.000,00/15 = R$ 3.200,00 (em moeda nacional).

Pensão por morte

A pensão por morte nacional não tem carência desde 24.7.1991, mas o cálculo do seu valor mensal baseia-se, de regra, numa aposentadoria. Logo, terá de tomar as contribuições do segurado desde julho de 1994.

No que diz respeito aos percentuais da aposentadoria por idade (a renda mensal é de 70% + 1% a cada ano de contribuição), a brasileira adotará 70% do salário de benefício + 1% do período proporcional.

No mesmo exemplo anterior de 8 + 7 = 15 anos, serão 70% + 7/15, e no Japão, se a legislação adotar o mesmo critério, será de 70% + 8/15.

Extraterritorialidade da nossa legislação

Em alguns casos, como os que serão ora apreciados, a nossa legislação previdenciária aplica-se fora do território nacional.

Contagem recíproca

A contagem recíproca entre o RGPS e um RPPS e um RPPS e o RGPS não sofre mutações com o AIBJ. O tema está desenvolvido no art. 480, I/III e parágrafo único da IN INSS n. 45/2010.

Complementação dos proventos

Os tratados internacionais de previdência social não cuidam da previdência complementar. A LBPC silenciou sobre a possibilidade de alguém combinar contribuições ou benefícios da previdência aberta.

Levando em conta que no AIBJ até mesmo servidores são favorecidos, é preciso pensar no fundo de pensão dos servidores federais. Possivelmente, se adotado um sistema de complementação, aumentará os encargos dos benefícios exceto se o RPPS assumir de pagar os R$ 3.916,20. Caso contrário, a proporcionalidade incidirá sobre esse teto da previdência e a complementação será maior, reclamando mais recursos. Um tema a ser estudado em particular.

Contribuição como facultativo

Kiyoshi Harada comentou o AIBJ e observou uma questão que pode se tornar polêmica. Tanto o PCSS (art. 14) quanto o PBPS (art.13) não tem disposição expressa como a do art. 11, X, do RPS, que ceda o brasileiro filiado a um regime no exterior a se inscrever como facultativo no Brasil. Tal impedimento, que poderia valer para o servidor, *ex vi* do art. 201, § 5º, da Carta Magna, não tem amparo legal (colhido em *Jus Navigandi* ou: <http://haradaadvogados.com.br>).

Capítulo I

Definições Gerais

Parte I – Disposições Gerais

Art. 1 – Definições

1. Para os fins deste Acordo:

O primeiro artigo da Parte I trata exclusivamente de definições relativas a expressões que fazem parte do acordo. Não deixa de ser uma regra interpretativa que coopera com a compreensão do texto, auxiliando significativamente o aplicador da norma.

a) os termos "um Estado Contratante" e "o outro Estado Contratante" significam a República Federativa do Brasil ou o Japão, conforme requerido pelo contexto;

À evidência, a palavra "Brasil" designa o nosso país, tecnicamente a República Federativa do Brasil; a palavra "Japão" quer dizer o Império Japonês.

O acordo diz respeito apenas a esses dois países.

Por Estado Contratante entende-se esses dois países e bem que poderia ser Estado Concordante ou Estado Acordante, mas a locução "Estado Contratante", a despeito de não ser tratar de um contrato simples, é corriqueira no Direito Público Internacional.

b) o termo "Brasil" significa a República Federativa do Brasil;

Nesta letra "b" o acordo esqueceu-se de mencionar o Japão no que seria a letra seguinte a "c". A letra "b" designa o Brasil como sendo a República Federativa do Brasil, o que, a rigor, já estava explicitado na alínea "a".

c) o termo "nacional" significa, em relação ao Brasil, um nacional brasileiro de acordo com a Constituição Federal e leis da República Federativa do Brasil, em relação ao Japão, um nacional japonês dentro do significado da lei sobre a nacionalidade do Japão;

Ainda uma vez mal redigida a disposição no que se refere ao país amigo ("um nacional japonês dentro do significado da lei sobre a nacionalidade do Japão"); entretanto, entende-se que "nacional" quer dizer o "brasileiro", o que exclui, nesse momento, o estrangeiro. O *in fine* não explica qual lei, mas é a lei do Japão sobre nacionalidade. Possivelmente, o Código Civil nipônico.

Logo, um estrangeiro que tenha adquirido a nossa nacionalidade será tido como brasileiro para os fins do acordo.

Aqui a norma não trata do estrangeiro não japonês que viveu e trabalhou no Japão, submetendo-se à sua previdência social, imigrou para o Brasil e aqui deseja computar algum direito obtido naquele país oriental. Mais tarde, provavelmente mediante um ajuste administrativo, ele deveria ser incluído.

De resto, o acordo diz respeito principalmente ao *dekassegui*, esse brasileiro que foi morar e trabalhar no Japão e retornou ao Brasil.

d) o termo "legislação" significa, em relação ao Brasil, as leis e regulamentos referentes aos benefícios especificados no § 2 do art. 2, em relação ao Japão, as leis e regulamentos do Japão referentes aos sistemas previdenciários do Japão especificados no § 1 do art. 2;

A letra "d" é bastante clara; adotou o vocábulo "legislação", que é amplo, em vez de lei. Portanto, quer dizer a Constituição Federal de 1988 e suas sucessivas 70 alterações, leis complementares, leis ordinárias, as raras leis delegadas, medidas provisórias, decretos legislativos, decretos da Presidência da República, portarias ministeriais, instruções normativas e outros atos administrativos do INSS.

Claro, por incluir as fontes formais do Direito Previdenciário, estão incluídas as súmulas do Poder Judiciário e da AGU e até mesmos os prejulgados do CRPS.

No Japão, em princípio, as mesmas fontes formais da legislação previdenciária nipônica.

Evidentemente que tal amplitude torna o acordo sujeito às constantes alterações havidas, como é o caso da EC n. 70/2012 que fixou em 100% a aposentadoria por invalidez do servidor e com paridade.

e) o termo "autoridade competente" significa, em relação ao Brasil, o Ministério responsável pela aplicação da legislação do Brasil referida no § 1, alínea (d), deste Artigo, em relação ao Japão, qualquer das organizações governamentais competentes no que se refere aos sistemas previdenciários japoneses especificados no § 1 do art. 2;

As autoridades que têm competência para tratar do assunto é o Ministério da Previdência Social (MPS). Conforme o *site* da Previdência Social, a Assessoria de Assuntos Internacionais, sediada na Esplanada dos Ministérios, Bloco f, sala 640, em Brasília, tel.: (61) 2021-5179.

No Japão, as autoridades próprias, segundo sua organização administrativa.

f) o termo "instituição competente" significa, em relação ao Brasil, o Instituto Nacional do Seguro Social, em relação ao Japão, qualquer das instituições de

seguro, ou qualquer associação destas, responsáveis pela implementação dos sistemas previdenciários japoneses especificados no § 1 do art. 2;

A instituição competente é uma autarquia federal, o INSS, ainda que se trate de benefício de servidor público. No caso do Japão, como não há a unificação das instituições de previdência social, serão todas elas.

Rigorosamente cada um dos nossos regimes (RGPS, RPPS e dos militares) deveria ser uma instituição competente. O INSS será sobrecarregado com esses ônus burocráticos que, supõe-se, não serão muitos.

g) o termo "período de cobertura" significa, em relação ao Brasil, um período de contribuições e quaisquer outros períodos levados em consideração para o estabelecimento de direito a benefícios sob a legislação do Brasil, em relação ao Japão, um período de contribuições sob a legislação do Japão referente aos sistemas previdenciários japoneses especificados no § 1, alíneas (a) a (e) do art. 2 e quaisquer outros períodos considerados sob aquela legislação para estabelecer o direito a benefícios, contudo, um período que será levado em consideração para o propósito de estabelecer direito a benefícios sob aquela legislação, sob a égide de outros acordos de previdência social comparáveis a este Acordo, não deve ser incluído;

A letra "g" comporta exposição dividida conforme cada um dos dois países.

No Brasil, período de cobertura equivale ao período de filiação com o sentido atual de tempo de contribuição, até porque em gozo de benefício e sem contribuição, pode-se chamar o protegido de um segurado filiado ao RGPS.

Mais especificamente, são o tempo de serviço e o tempo de contribuição temas que não comportam grandes dúvidas, em particular devendo-se considerar os tempos especiais quando eles interessarem. Uma vez que acordo não prevê aposentadoria por tempo de contribuição ou aposentadoria especial.

O texto fala ainda em "outros períodos levados em consideração", ou seja, o cômputo do período de duração do auxílio-doença e da aposentadoria por invalidez, o tempo fictício, licença prêmio antes da EC n. 20/1998 etc.

Claramente, o tempo rural e urbano.

No Japão, serão praticamente os mesmos períodos. Todavia, diz *in fine*: "contudo, um período que será levado em consideração para o propósito de estabelecer direito a benefício sob aquela legislação, sob a égide de outros acordos de previdência social comparáveis a este Acordo, não deve ser incluído". Aparentemente, porque o texto é confuso, não seriam considerados períodos de outros acordos.

Quer dizer, exemplificativamente, ainda que o Brasil acolha um tempo de serviço sob o acordo Brasil-Portugal, esse tempo não seria aproveitado no acordo Brasil-Japão (até porque este não é um acordo multinacional e, sim, bilateral).

h) o termo "benefício" significa uma aposentadoria, pensão ou qualquer outro benefício monetário sob a legislação de um Estado Contratante.

Em princípio, a palavra "benefício" significaria qualquer prestação previdenciária prevista na legislação dos dois países, mas o próprio acordo limita o rol dos benefícios. Isso se dá em virtude de os planos de benefícios não coincidirem. Logo, serão os benefícios contemplados nesse acordo, restando meio sem sentido o final da oração.

Quanto aos segurados, não se veem menções à aposentadoria por tempo de contribuição nem à especial; no que diz respeito aos dependentes, não há alusão ao auxílio-reclusão. Também não comparece o salário-maternidade nem o salário-família ou o abono anual.

O acordo deveria evidenciar claramente, mas não ressalta as prestações acidentárias. Quando fala em aposentadoria por invalidez e pensão por morte, sem distinguir, refere-se às causadas por doenças ocupacionais. *Interpretatio cessat in claris.*

Reajustamento

Depois de deferido um benefício, a seguir cuidar-se-á apenas de ocorrências brasileiras, ele será mantido, vindo a sofrer possíveis mutações em seu valor real e relativo. Os critérios de reajustamentos serão nacionais e cada país adotará o seu.

Transformação

As prestações possíveis são as elencadas no acordo. Desse modo, no Brasil não será possível transformar a aposentadoria por idade em aposentadoria por tempo de contribuição para se aproveitar as cláusulas do acordo (ainda que o segurado atenda aos nossos requisitos legais), por falta de previsão.

Desaposentação

Na hipótese da desaposentação, novos períodos de contribuição seriam considerados e, se isso for possível, implicará a mudança dos percentuais atribuídos a cada país. O Brasil arcaria com mais ônus e seriam diminuídos os do Japão (*Desaposentação*. 5. ed. São Paulo: LTr, 2012).

Despensão

A revisão do valor da pensão por morte, em decorrência do acolhimento da desaposentação, da mesma forma, interferirá nos cálculos das duas rendas mensais.

Revisão de cálculo

Uma revisão de cálculo, tão comum no RGPS, terá consequências na definição das rendas mantidas nos dois países e tanto quanto a transformação, desaposentação e despensão, terão de ser amplamente regulamentadas.

Obrigatoriedade do acordo

Atendidas as cláusulas convencionadas e os requisitos legais da legislação de cada país, o acordo é um direito subjetivo dos interessados, mas ele não é obrigatório. Se a pessoa preferir, ela poderá renunciar a sua utilização.

2. Para os propósitos deste Acordo, qualquer termo não definido neste Acordo terá o significado que lhe é atribuído pela legislação aplicável.

Os vocábulos utilizados no Acordo são comuns e apreciados em cada caso, o dispositivo comentado não explica, mas a atribuição é de cada legislação, no Brasil uma infinidade de leis, decretos, portarias e outros atos administrativos.

Assim, a palavra "pensão" quer dizer a pensão por morte (até porque o redator das cláusulas sabia do uso no Brasil, que é diferente da Europa) e a palavra "funcionários" significa servidores públicos. "Condições necessárias" quer dizer "requisitos legais".

Capítulo II
Campo de Aplicação Material

Art. 2 – Campo de Aplicação Material

Este Acordo será aplicado:

Em correspondência ao nosso RGPS, o Japão equivale ao Brasil de antes de 31.12.66, isto é, possuía vários regimes previdenciários.

1. No que se refere ao Japão, aos seguintes sistemas previdenciários japoneses:

a) a Pensão Nacional (excetuado o Fundo de Pensão Nacional);

Este é o sistema básico de previdência social e, portanto, no acordo, excluindo a previdência complementar.

Esse *kokumin nenkin* é um regime gerido pelo governo. Residentes no Japão entre 20 e 60 anos incompletos que ingressarem nesse sistema poderão ser favorecidos por uma espécie de benefício por idade avançada (aposentadoria por idade), ficarem com alguma deficiência (aposentadoria por invalidez) ou se por alguma eventualidade vierem a falecer (pensão por morte).

Para ingressar na pensão nacional é necessário cadastrar-se no Setor dos Cidadãos da Prefeitura Municipal (*shimin-ka*).

Quem está cadastrado no plano de Pensão dos Assalariados (*k sei nenkin*) ou na Pensão Mútua (*ky sai nenkin*), mas saiu do plano de benefícios de pensão porque se desligou da empresa, também carece participar do Plano de Pensão Nacional.

As pessoas que trabalham com vínculo empregatício inscrevem-se na Pensão dos Assalariados (*k sei nenkin*) ou na Pensão Mútua (*ky sai nenkin*).

Ao ingressar no *kokumin nenkin*, a pessoa pagará a taxa de contribuição, enviada através de correio ou carnê com o valor impresso a ser pago nas instituições financeiras (bancos), correios ou nas lojas de conveniência (24 horas). Se usar os bancos ou correios, poderá pagar mediante uma conta corrente para a transferência (*k za furikae*).

Para quem está cadastrado na Pensão dos Assalariados (*k sei nenkin*) ou Pensão Mútua (*ky sai nenkin*), o valor é deduzido por meio do salário ou bonificações (bônus).

Quando ficar impossibilitado de pagar a taxa por estar absolutamente sem nenhuma remuneração ou porque o rendimento obtido é muito pouco, será isento, caso requeira a dispensa das contribuições (sem prejuízo do tempo de serviço correspondente).

Em face do acordo, os benefícios oferecidos aos contribuintes através da Pensão Nacional são três:

- Aposentadoria por idade dos idosos (*r rei kiso nenkin*). Este benefício pode ser recebido após completar 65 anos, desde que tenha recolhido a devida contribuição por mais de 25 anos (incluído o período de isenção);

- Aposentadoria por invalidez; e - pensão por morte.

b) o Seguro de Pensão dos Empregados (excetuado o Fundo de Pensão dos Empregados);

Julga-se que se trata do seguro que beneficia apenas os empregados nipônicos, mas a letra "e" altera esse entendimento.

c) a Pensão Mútua para Funcionários Públicos Nacionais;

Este é o sistema de previdência social dos servidores civis e militares.

d) a Pensão Mútua para Funcionários Públicos Locais e Pessoal de *Status* Similar (excetuado o sistema de previdência para membros de assembleias locais); e

Provavelmente este é um RPPS destinado aos chamados servidores locais de *status* similiar.

e) a Pensão Mútua para Pessoal de Escolas Privadas; (os sistemas previdenciários japoneses especificados nas alíneas (b) a (e) serão, doravante, designados como os "sistemas previdenciários japoneses para empregados"), contudo, para os propósitos deste Acordo, a Pensão Nacional não incluirá o Benefício Assistencial por Idade ou quaisquer outras pensões concedidas sob fundamento transitório ou complementar com fins assistenciais e que são pagáveis total ou principalmente com os recursos do orçamento nacional; e

A letra "e" faz uma respeitável confusão. Primeiro diz que o regime dos professores das escolas particulares é distinto dos demais. Depois, presta um esclarecimento que deveria fazer parte de outra alínea, quando atribui abrangência para o regime dos empregados. Por último, exclui benefícios transitórios ou complementares assistenciários (algo parecido com o nosso benefício da LOAS).

Ele compõe-se de vários regimes, relacionados no acordo: a) regime de pensão nacional; b) seguro de pensão dos empregados; c) pensão mútua para funcionário público nacional; d) pensão mútua para servidores públicos locais e pessoal de *status* similar; e e) pensão mútua para o pessoal de escolas privadas.

2. No que se refere ao Brasil:

a) as aposentadorias por idade e por invalidez e pensão por morte sob o Regime Geral de Previdência Social; e

No RGPS, as prestações nacionais são duas aposentadorias de segurado e uma pensão de dependentes: aposentadoria por idade e aposentadoria por invalidez e uma pensão por morte. Não há menção ao auxílio-reclusão.

Aposentadoria por idade

A aposentadoria por idade é devida ao segurado do RGPS que tenha cumprido o período de carência do art. 142 do PBPS ou 15 anos de contribuição e uma idade mínima de 55 anos (trabalhadora rural), 60 anos (trabalhador rural e segurada urbana) ou 65 anos (segurado urbano).

O valor da renda mensal é de 70% da média corrigida dos 80% maiores salários de contribuições desde julho de 1994 até a véspera do pedido ou da cessação das contribuições, mais 1% por ano de contribuição até um máximo de 100%.

O benefício começa na DER, se requerido até 90 dias após o afastamento do trabalho e se dentro desse prazo, no dia seguinte à Data do Afastamento do Trabalho (DAT), sem solução de continuidade com o salário.

Não exige exame médico e sua percepção admite a volta dele ao trabalho.

Um benefício substituidor do salário e de pagamento continuado, quando interessante para o segurado, ele poderá adotar o fator previdenciário aplicado ao salário de benefício. Cessa com a morte do trabalhador ou com uma eventual transformação em outro benefício.

Pode ser compulsória, isto é, requerida pelo empregador, se o segurado tiver 70 anos e a segurada, 65 anos de idade.

No Japão não existe o fator previdenciário, mas ele faz parte da nossa legislação (Lei n. 9.876/1999); logo, quando ele for superior a 1 (um), o requerente poderá solicitá-lo ao INSS com a intenção de majorar a renda mensal hipotética.

Aposentadoria por invalidez

Aqui no Brasil a aposentadoria por invalidez é devida ao segurado do RGPS que tenha cumprido o período de carência de 12 contribuições mensais, não exigindo idade mínima. Essa carência é dispensada quando o afastamento do serviço ocorre por acidente do trabalho. Geralmente é precedida do auxílio-doença.

Seu valor é de 100% da média corrigida dos 80% maiores salários de contribuições desde julho de 1994.

O benefício começa após a cessação do auxílio-doença ou no 16º dia após a DAT.

Depois da primeira perícia, exige exames médicos periódicos e sua percepção não admite a volta ao trabalho.

Benefício substituidor do salário e de pagamento continuado, ele cessa com a morte do trabalhador ou com a eventual transformação em outro benefício.

Pode ser acrescido de 25% se o aposentado carecer da ajuda de terceiros, tema delicado e que exige ponderação. O INSS calculará a aposentadoria por invalidez usual, acrescerá os 25% do art. 45 do PBPS, obtendo o benefício hipotético do AIBJ e, depois, calculará a proporcionalidade, ainda que no Japão não exista esse benefício.

Note-se que, como o benefício acidentário dispensa período de carência, o segurado terá interesse em não incorporar o AIBJ e não haveria renda hipotética, mas tão somente a renda mensal nacional real.

Para o benefício comum, se trabalhou no Japão e se o período nacional *per se* completou o período de carência também não haverá benefício virtual.

Pensão por morte

A pensão por morte é devida aos dependentes do segurado do RGPS, sem necessidade de período de carência e sem idade mínima.

Seu valor é de 100% do valor do benefício que o segurado estava recebendo; caso contrário, se faleceu em atividade ou sem ela, mas com a qualidade de segurado mantida, será de 100% de uma hipotética aposentadoria por invalidez.

De regra, o benefício começa na Data do Óbito (DO) ou quando da DER, e cessa após o falecimento do último pensionista ou nas hipóteses de emancipação, casamento e recuperação da higidez de filhos ou irmãos.

b) as aposentadorias por idade e por invalidez e pensão por morte sob o regime dos militares e o regime próprio dos servidores públicos.

A letra "b" especifica os mesmos benefícios dos servidores civis e militares.

Da mesma forma, a pensão por morte está contemplada, mas não o auxílio--reclusão. A norma silencia sobre o auxílio-doença, abono anual, salário-família e salário-maternidade.

Diferentemente de outros acordos internacionais (que, de regra, dizem respeito apenas aos empregados da iniciativa privada sujeitos ao RGPS), este tratado incluiu o regime dos militares dos servidores públicos.

Questão destinada à polêmica — uma vez que o mecanismo não é igual à contagem recíproca de tempo de serviço — será direito do servidor brasileiro com direito a duas aposentadorias, no mesmo ou em regime distinto, e que queria computar o tempo japonês para ambas as prestações. O deslinde levará em conta a questão atuarial, até porque a integralização do direito se dá com um tempo fictício no interior e real no exterior sem acerto de contas.

O RGPS ou o RPPS não teria a prestação, não fora o cômputo do tempo exterior. Logo, consumido esse cômputo uma vez, não poderá ser estendido a um segundo benefício.

São examinados, agora, os benefícios não expressamente previstos no AIBJ. Salvo as exceções do salário-maternidade. Nenhum desses benefícios exige período de carência e, por conseguinte, tempo de serviço.

Abono anual

O abono anual é uma prestação devida em dezembro de cada ano, para quem teve parcial ou integralmente fruído de um benefício no exercício. Com base no AIBJ, se um japonês obteve um benefício do RGPS nessas condições, ele fará jus ao abono anual (PBPS, art. 40).

Auxílio-acidente

O auxílio-acidente é uma prestação acidentária de quem sofreu acidente do trabalho e *in casu* possivelmente no Brasil. Cessada a manutenção do auxílio-doença acidentário (ou não, como querem celebrados estudiosos), o estrangeiro fará jus ao auxílio-acidente, cujos salários de contribuição serão referentes a períodos nipônicos e nacionais.

Salário-maternidade

Não há dificuldades em relação ao salário-maternidade. No comum dos casos não há exigência de período de carência e não se trata de um benefício calculado. Quando exigido esse tempo mínimo de contribuição, poderá contar com períodos japoneses.

Salário-família

Do mesmo modo como o salário-maternidade, trata-se um benefício sem carência, concedido sem qualquer influência do acordo internacional.

Auxílio-reclusão

Não há previsão do auxílio-reclusão no AIBJ, mas é uma prestação que no nosso país não exige período de carência. Sem influência do acordo internacional, ele poderá ser deferido à família do segurado japonês que foi recolhido à prisão. Para tanto, tal como sucede com a pensão por morte, será preciso sopesar uma aposentadoria por invalidez hipotética e, no caso, contar com as contribuições do Japão.

Reabilitação profissional

Se um japonês, trabalhando no Brasil ou aqui vivendo, precisar da habilitação ou da reabilitação profissional, este será um serviço previdenciário à sua disposição, em observância à reciprocidade de tratamento.

Serviços sociais

Da mesma forma, todos os nossos serviços sociais.

Empréstimo bancário consignado

Um aposentado ou pensionista brasileiro pode levantar empréstimo na rede bancária, dando como garantia a aposentadoria ou pensão por morte. O mesmo se passa com os beneficiários japoneses.

Previdência complementar

Não existem normas sobre previdência complementar no AIBJ. Tendo em vista que as prestações dos fundos de pensão se devem às contribuições acumuladas, exceto na hipótese de uma portabilidade internacional, não será possível pensar na hipótese. Note-se que se a legislação nipônica admitir a portabilidade para o exterior, isso seria viável. O *dekassegui* ou o japonês traria as contribuições para um fundo de pensão nacional. Como sabidamente admite o resgate, o valor correspondente poderia fazer parte do seu capital acumulado, acrescido a uma entidade de previdência aberta ou fechada. Tema que, é claro, precisa da mais ampla regulamentação por parte da PREVIC.

Capítulo III

Campo de Aplicação Pessoal

Art. 3 – Campo de Aplicação Pessoal

Este Acordo será aplicado a uma pessoa que esteja ou que tenha estado sujeita à legislação de um Estado Contratante, bem como aos dependentes.

Dois grupos de pessoas são alcançados pelo AIBJ: a) os segurados (pessimamente indicados como sendo "uma pessoa que esteja ou que tenha estado sujeita à legislação de um Estado Contratante") e b) os seus dependentes.

Legislação previdenciária, certamente.

Obviamente, valerá para quem um dia foi filiado ou que esteja filiado ao regime de previdência social de ambos os países. Aparentemente, apenas os obrigatoriamente filiados.

Quando essa disposição alude à sujeição não significaria dizer respeito apenas aos segurados obrigatórios. Os facultativos do RGPS (ou de outros regimes especiais) não são segurados obrigatórios, mas sujeitam-se a nossa legislação e estariam abrangidos pelo AIBJ. No caso dos regimes especiais brasileiros (MEI, REII e RPDC), primeiro será preciso transacionar o segurado para o RGPS.

Esse texto reafirma o entendimento de que o período das atividades exercidas anteriormente a 1º.3.2012 será hodiernamente considerado.

Menciona pessoa que, na condição de segurado, terá idade mínima (no Brasil, de 16 anos) e sem idade máxima. Da mesma forma, exceto se inválidos, os filhos brasileiros dependentes até os 21 anos.

No Brasil, os segurados obrigatórios serão esmiuçados quando dos comentários ao art. 12.

Para os propósitos deste Artigo, o termo "dependentes" significa, no que se refere ao Japão, membros da família ou sobreviventes que derivam direitos de uma pessoa que está ou esteve sujeita à legislação do Japão e, no que se refere ao Brasil, dependentes conforme definido sob a legislação do Brasil.

No Japão, os dependentes são pessoas de uma família ou sobreviventes de um segurado e no Brasil, os dependentes arrolados no art. 16 do PBPS, em cada lei dos RPPS e na lei militar. Aqui, quando o segurado estiver vivo, os seus dependentes (portanto, ainda não pensionistas) somente têm direito à habilitação profissional e à reabilitação profissional.

No Japão será preciso considerar o conceito próprio de família, a *watashi no kazoku*. Quais membros a compõem e quem é que deve ser considerado sobrevivente (com direito à pensão por morte).

Para a publicação "A Previdência Social através do tempo" (Brasília: Câmara dos Deputados, 1974, p. 165-166) eram dois tipos de dependentes japoneses.

No caso da Pensão para o Seguro do Bem-Estar:

a) viúva com 55 anos de idade ou inválida e a mãe;

b) viúvo com 60 anos de idade ou inválido;

c) órfãos menores de 18 anos ou inválidos.

Na falta dos dependentes preferenciais acima indicados, os pais, os netos e os avós.

Para o Programa Nacional de Pensão:

a) viúva com 60 anos de idade;

b) mãe viúva;

c) órfão de ambos os pais.

No Brasil o tema é complexo. Em seu art. 16, o PBPS define os dependentes:

> "I – o cônjuge, a companheira, o companheiro e filho não emancipado, de qualquer condição, menor de 21 (vinte e um) anos ou inválidos;
>
> II – os pais;
>
> III – o irmão não emancipado, de qualquer condição, menor de 21 (vinte e um) anos ou inválido."

a) Servidores públicos

Tanto quanto os trabalhadores da iniciativa privada, filiados ao RGPS, quando falecem, os servidores públicos outorgam a pensão por morte aos seus dependentes definidos na lei de cada RPPS.

Cerca de 3.000 RPPS dos entes públicos disciplinam esse benefício segundo a lei própria deles e seguem os arts. 215/225 do ESPCU e os arts. 74/1979 do PBPS.

A partir da EC n. 41/2003, o direito à pensão por morte está estatuído no art. 40, § 7º, I/II, da Carta Magna. *Ab initio* o dispositivo transfere a regulamentação da matéria à lei ordinária, que tem sido a Lei n. 8.112/1990 no âmbito dos servidores federais. E para as leis estaduais e municipais, conforme o caso.

O inciso I regulamenta o valor da pensão deixada pelo servidor aposentado, resultando ela ser de 100% de uma média dos vencimentos e 100% do limite do RGPS mais 70% da diferença dos proventos que ultrapassar esse teto.

O valor mínimo da pensão por morte é o salário mínimo e não pode ultrapassar a sua remuneração (art. 1º, § 4º, da Lei n. 10.887/2004). Não pode ultrapassar os R$ 26.723,13, o teto dos servidores, um patamar em debate.

Tipos de pensão

São consagrados dois tipos de pensões: a) vitalícia e b) temporária. O que as distingue são as regras de extinção do direito. Tidos como dependentes as pessoas que fazem jus à pensão vitalícia ou temporária (art. 217).

O benefício de manutenção vitalícia é devido aos cônjuges, separados com pensão alimentícia, unidos, pais economicamente dependentes, sexagenários designados ou portadores de deficiência que dependam do servidor (art. 219, I, *a/e*). Seria, por assim dizer, o núcleo básico da família, um tanto estendido em comparação com o do PBPS.

A pensão de manutenção temporária é devida aos filhos, enteados ou inválidos, aos menores sob guarda ou tutelados até 21 anos de idade, ao irmão órfão, ao irmão inválido dependente economicamente, à pessoa designada dependente até 21 anos ou inválida (art. 217, II, *a/d*).

Não preferenciais

Quando presentes as pessoas que podem ser chamadas de dependentes preferenciais (letras *a/c* do inciso I), os que estão definidos nas letras *d/e* do art. 217 não concorrem.

Da mesma forma, em relação à pensão temporária, a existência de dependentes das letras *a/b* do inciso II exclui o direito dos demais dependentes (letras *c/d*).

Morte presumida

Quando da ausência ou do desaparecimento (seja a serviço ou não) impor-se-á a pensão por morte, que será provisória durante cinco anos e então transformada em temporária ou vitalícia, conforme o caso, exceto se o servidor reaparecer.

Qualidade de dependente

O dependente perde a qualidade de pensionista nas seguintes hipóteses: a) falecimento; b) anulação do casamento, ocorrida após a concessão do benefício; c) cessação da invalidez; d) maioridade do filho, irmão órfão ou pessoa designada, que ocorre aos 21 anos; e) acumulação de pensão na forma do art. 225 do ESPCU; e f) renúncia expressa.

Reversão da quota

Com o fim da quota ela reverterá:

> "I – da pensão vitalícia ou da pensão temporária se não houver pensionista remanescente da pensão vitalícia;

II – da pensão temporária para os cobeneficiários ou na falta destes, para o benefício da pensão vitalícia (art. 223)."

Sem regime próprio

Quando um servidor presta serviços para um órgão público que não tenha instituído um RPPS, nos termos do PBPS, ele resta filiado ao regime geral e terá o benefício regulado pelos arts. 74/79 desse PBPS.

b) Servidores militares

A previdência social dos militares constitui um regime próprio que não se confunde com a dos servidores civis. Ali, obviamente há previsão de pensão por morte para os dependentes dos segurados castrenses falecidos. Seguem regras específicas tradicionais, e mais recentemente com as previstas na Lei n. 3.765/1960.

Conceito de militar

A norma básica diz que são segurados, para efeito da contribuição obrigatória, "todos os militares das Forças Armadas" (MP n. 2.215/2001). Substituiu descrição mais pormenorizada da versão anterior, que falava em "a) oficiais, aspirantes a oficial, guardas-marinhas, suboficiais, subtenentes e sargentos e b) cabos, soldados, marinheiros, taifeiros e bombeiros, com mais de 2 (dois) anos de efetivo serviço, se da ativa; ou com qualquer tempo de serviço, se reformados ou asilados".

Definição de beneficiários

Adotando alguma semelhança com o art. 16 do PBPS, consoante o art. 7º, são três ordens de beneficiários: primeira, segunda e terceira, cada uma delas com características próprias.

Núcleo familiar

São: a) os cônjuges; b) o companheiro designado ou que comprove a união estável; c) pessoa desquitada, separada judicialmente, divorciada com pensão alimentícia; d) filho ou enteado até 21 anos de idade ou até 24 anos se estudante universitário ou, se inválido, enquanto perdurar a invalidez; e e) menor sob guarda ou tutela até 21 anos, se estudante universitário até os 24 anos ou se inválido, enquanto perdurar a invalidez.

Segunda ordem

O pai e a mãe que comprovem dependência econômica em relação ao filho militar.

Última ordem

a) O irmão órfão, até 21 anos de idade, ou se estudante universitário, até 24 anos de idade, e o inválido enquanto perdurar a invalidez, comprovada a dependência econômica; e b) a pessoa designada até 21 anos de idade, se inválido enquanto perdurar a invalidez, ou maior de 60 anos de idade com dependente econômico.

Designação de beneficiários

Em sua versão original a norma permitia certa designação de mulher dependente do militar menor de 21 anos de idade, interditado ou inválido (art. 7º, VI). O art. 8º da mesma norma autorizava essa indicação a qualquer tempo, mas essa disposição foi revogada pela MP n. 2.215-10/2001.

Exclusão de beneficiários

Como sucede no RGPS, havendo qualquer um dos beneficiários da primeira ordem, restam excluídos os demais.

Inscrição dos beneficiários

Nos termos do art. 11, para a obtenção da pensão por morte dos militares, um aspecto formal é relevante e por isso os beneficiários deverão ser inscritos, com a indicação pessoal dos segurados.

A disposição é tão importante que, se ultrapassado um prazo de seis meses, se não ocorrer essa declaração, serão suspensos os "vencimentos, vantagens ou proventos" (§ 1º). O § 2º elenca o que deve constar desse documento.

Morte presumida

A versão original do art. 18 tratava da morte presumida dos militares, designados como "desaparecidos ou extraviados na forma dos arts. 26 e 27 da Lei n. 1.316, de 20 de janeiro de 1951, receberão, desde logo, na ordem preferencial do art. 7º da presente lei, os vencimentos e vantagens a que o militar fazia jus, pagos pelo corpo ou repartição a que pertencia".

Capítulo IV

Igualdade de Tratamento

Art. 4 – Igualdade de Tratamento

Salvo disposição contrária neste Acordo, as pessoas especificadas no art. 3 e que habitualmente residam no território de um Estado Contratante receberão tratamento igual dispensado aos nacionais daquele Estado Contratante na aplicação da legislação daquele Estado Contratante.

Um dos princípios fundamentais que usualmente cimenta o ordenamento jurídico dos acordos internacionais é o da igualdade de tratamento. Tal postura visa a uma internacionalização da proteção social, o sonho dos verdadeiros estadistas em face da translação geográfica dos trabalhadores pelo mundo todo.

José Dalmo Fairbanks Belfor de Matos fala num Direito Social Internacional: "A regulamentação dos aspectos internacionais do Direito Social, em sentido estrito e em um Direito Internacional Social, que consistira no conjunto de preceitos e normas regulando relações entre Estados hipossuficientes e os Estados autossuficientes" (Aspectos do Direito Social Internacional. In: *Princípios de Direito Previdenciário*. 5. ed. São Paulo: LTr, 2011. p. 223).

Profliga esse entendimento, uma atitude contra a xenofobia. Ainda que não sejam naturalizados, os estrangeiros devem fazer jus aos mesmos benefícios que os nacionais.

Ou seja, um brasileiro no Japão ou um japonês vivendo no Brasil tem o mesmo direito dos brasileiros no Brasil e dos japoneses no Japão. Nosso país não é xenófobo; isso já vinha sendo praticado em várias disposições, excetuado quando subsistente comando contrário expresso em lei (caso de quem pode ser presidente da República).

No acordo não existem restrições previdenciárias aos estrangeiros para viverem e trabalharem no Brasil e muito menos para os nipônicos. Fato que não deve ser confundido com as exigências diplomáticas em matéria de entrada de turistas, visto de permanência, trabalho no Brasil etc.

O que não se entende e possivelmente será letra morta é o início da oração que fala em residência habitual. Além de não especificar qual é a duração do domicílio para que seja considerada habitual, essa habitualidade não faz parte da definição do conceito.

Mudando-se para o Brasil e aqui se instalando, dois minutos depois de terem celebrado um vínculo empregatício, se sofrerem um acidente de trabalho, o japonês e qualquer estrangeiro terão direito à prestação acidentária.

Rigorosamente, o acordo não excetuou essa regra e a reciprocidade de tratamento é inteiramente válida nos dois territórios.

Capítulo V

Pagamentos no Exterior

Art. 5 – Pagamento de Benefícios no Exterior

1. Salvo disposição contrária neste Acordo, qualquer disposição da legislação de um Estado Contratante que restrinja o direito a ou o pagamento de benefícios (*sic*) somente devido a que a pessoa habitualmente resida fora do território deste Estado Contratante não será aplicável a pessoas que residam habitualmente no território do outro Estado Contratante.

Já se afirmou que o Brasil não é xenófobo, mas a nossa legislação do Imposto de Renda incide sobre o montante de um benefício a ser enviado ao exterior, e isso caracteriza uma restrição de direitos.

Sobrevindo uma afetação à pessoa que resida fora do Brasil ou do Japão, ela não se aplicará àquele que estiver vivendo num desses dois países, os quais celebraram o AIBJ.

Igual se passa com a redução de uma pensão alimentícia ou com o desconto eventual de empréstimo consignado.

O dispositivo assegura normas próprias para as duas nações. Ou seja, se existir uma disposição legal restritiva para residentes em outros países, ela não valerá para as partes contratantes do AIBJ.

Claro, igual vale para os dois territórios.

2. Benefícios sob a legislação de um Estado Contratante serão pagos a nacionais do outro Estado Contratante que habitualmente residam no território de um terceiro Estado sob as mesmas condições como se fossem nacionais do primeiro Estado Contratante.

Se um brasileiro faz jus a um benefício no Japão ou um japonês tenha direito a um benefício no Brasil, poderá auferi-lo ainda que esteja vivendo num terceiro país.

O fato de residir habitualmente fora dos dois países celebrantes do acordo não prejudicará o seu direito. Mas, é claro, conforme cada hipótese, a quitação se submete à legislação local.

3. Pagamentos de benefícios sob este Acordo a beneficiários que residam no território do outro Estado Contratante serão efetuados diretamente em moeda livremente conversível.

Quando o Brasil pagar um benefício devido ao japonês que esteja vivendo no Japão ou o Japão pagar um benefício devido ao brasileiro que viva no Brasil, é preciso que seja em moeda livremente conversível. No Brasil, o real e, no Japão, o iene.

No caso da introdução de medidas restritivas do câmbio ou remessa de divisas por qualquer Estado Contratante, os Governos de ambos os Estados Contratantes consultar-se-ão imediatamente sobre as medidas necessárias para assegurar os pagamentos de benefícios por qualquer Estado Contratante sob este Acordo.

Como os outros tratados bilaterais, o AIBJ não é estático e admite ajustes administrativos subsequentes. Toda vez que se tornar necessário, os governos brasileiros e japoneses (e não os organismos de ligação) trocarão Notas Diplomáticas para que os pagamentos sejam feitos regularmente.

Vale recordar o art. 312 do RPS:

> "A concessão e manutenção de prestação devida a beneficiário residente no exterior devem ser efetuadas nos termos do acordo entre o Brasil e o país de residência do beneficiário ou, na sua falta, nos termos de instruções expedidas pelo Ministério da Previdência e Assistência Social."

Capítulo VI
Legislação Aplicável

Parte II – Disposições Relativas à Legislação Aplicável

Art. 6 – Disposições Gerais

Salvo disposição contrária neste Acordo, uma pessoa que trabalhe como empregado ou por conta própria no território de um Estado Contratante estará sujeita, no que diz respeito a este emprego ou atividade por conta própria, à legislação exclusivamente deste Estado Contratante.

O preceituado no art. 6 é uma obviedade que desperta a atenção. Trata do empregado — e aí se deva entender também o temporário, o doméstico e o avulso, que são os trabalhadores subordinados — e do contribuinte individual (empresário, autônomo, eventual, eclesiástico) obrigado à legislação previdenciária nacional do país acolhedor (com as exceções de praxe).

Assim, brasileiro trabalhando para a empresa japonesa no Japão é filiado, conforme a hipótese, à legislação local, ao regime próprio que vincular aquela atividade exercida.

Se no Japão os trabalhadores portuários avulsos forem facultativos e como no Brasil eles são obrigatórios, aqui os japoneses se submeterão ao trabalho portuário regido por nossa legislação portuária previdenciária (*sic*).

Cuida-se, aqui, de um vetusto princípio de validade da lei do local de trabalho que, em algumas circunstâncias, é excepcionado.

A Súmula TST n. 207 diz:

> "A relação jurídica trabalhista é regida pelas leis vigentes no país da prestação de serviço e não por aquelas do local da contratação."

A Lei n. 7.064/82 manda aplicar a lei brasileira ao trabalhador aqui contratado para prestar serviços no exterior quando mais favorável que a lei local, dessa forma implementando as disposições do ambiente de trabalho.

Arion Sayão Romita salienta que "a lei perfilha, portanto, o critério da territorialidade, mas abre exceção em favor do princípio da lei mais favorável ao trabalhador: se a lei brasileira for mais favorável do que a lei local, a primeira terá a primazia, no conjunto das normas e em relação a cada matéria" (Prestação de serviços no exterior: conflito de serviço no espaço. *Revista IOB*, São Paulo, IOB, n. 228, p. 7-19, jun. 2008).

A letra *c* do art. 12, I, do PBPS diz que "o brasileiro ou o estrangeiro domiciliado e contratado no Brasil para trabalhar como empregado em sucursal ou agência de empresa nacional no exterior" é segurado obrigatório e também quando presta serviços para "empresa domiciliada no exterior, cuja maioria do capital votante pertença à empresa brasileira de capital nacional" (letra *f*).

Quer dizer, as normas trabalhistas a serem aplicadas aos brasileiros que vão trabalhar fora do território nacional em virtude de contratos celebrados no nosso país, em princípio, são as locais. É o que *Daiana Vasconcellos Ledel* chama de *lex loci laboris* ou *lex loci executionis* (Aspectos de direito internacional privado do trabalho. Disponível em *Jus Navigandi* em jun. 2004).

Capítulo VII

Disposições Especiais

Art. 7 – Disposições Especiais

1. Se uma pessoa empregada por um empregador que tenha uma empresa localizada no território de um dos Estados Contratantes for deslocada por esse empregador, seja daquele território ou do território de um terceiro Estado, para trabalhar no território do outro Estado Contratante, esse empregado estará sujeito à legislação apenas do primeiro Estado Contratante como se estivesse empregado no território do primeiro Estado Contratante, desde que este empregado esteja coberto sob a legislação daquele Estado Contratante e que não se preveja que tal período de deslocamento ultrapasse cinco (5) anos.

O art. 7 tenta complementar o art. 6.

Garante a submissão do empregado à norma do seu país de origem desde que ele preveja a cobertura e que o deslocamento para o exterior não ultrapasse cinco anos.

Na oportunidade, vale consignar que o Acordo Brasil-Japão somente diz respeito a esses dois países e, de regra, não tem alcance nos territórios de outras nações. Assim, esse entendimento prosperará sem prejuízo da eficácia da legislação daquele país onde se realiza a prestação de serviço. Durante esse quinquídio possivelmente o segurado terá dupla cobertura previdenciária.

2. Se o deslocamento referido no § 1 deste artigo continuar além de cinco (5) anos, as autoridades competentes ou instituições competentes de ambos os Estados Contratantes poderão acordar, em circunstâncias especiais, que o empregado permaneça sujeito apenas à legislação do primeiro Estado Contratante por um período não superior a três (3) anos.

Claro, ainda ditando sobre o Brasil e o Japão, e sem incluir os demais países, os cinco anos poderão ser dilatados segundo a conveniência dessas duas nações amigas.

Norma regulamentar terá de explicar o que se deve entender por circunstâncias especiais.

3. Uma pessoa que tenha estado sujeita às disposições do § 1 deste artigo não estará sujeita novamente àquelas disposições, salvo se decorrido um (1) ano desde o término do deslocamento anterior.

O § 3 cria um intervalo entre dois deslocamentos. Passados 12 meses após a situação anterior, a disposição readquirirá a validade. Nesses 12 meses subsequentes ao período de cinco ou oito anos ficará sujeito apenas à previdência social do país onde trabalha.

4. Se uma pessoa que habitualmente trabalha por conta própria no território de um Estado Contratante trabalhar temporariamente em atividade por conta própria apenas no território do outro Estado Contratante, aquela pessoa estará sujeita apenas à legislação do primeiro Estado Contratante como se aquela pessoa estivesse trabalhando no território do primeiro Estado Contratante, desde que aquela pessoa esteja coberta sob a legislação daquele Estado Contratante e que não se preveja que o período da atividade por conta própria no território do outro Estado Contratante ultrapasse cinco (5) anos.

As normas que valem para os contribuintes individuais que trabalham no exterior como independentes são distinguidas. Se tal contribuinte individual estiver coberto pela previdência social, é o caso do Brasil, e se a atividade não ultrapassar os ditos cinco anos, ele ficará sujeito apenas à legislação do país de origem.

Quer dizer: um autônomo brasileiro que for trabalhar no Japão como autônomo ou empresário ou um empresário brasileiro que for ali trabalhar e ali permanecer por menos de cinco anos (com a exceção do § 2) manter-se-á submetido à legislação do RGPS.

5. Se a atividade por conta própria no território do outro Estado Contratante referida no § 4 deste artigo continuar além de cinco (5) anos, as autoridades competentes ou instituições competentes de ambos os Estados Contratantes poderão acordar, em circunstâncias especiais, que a pessoa por conta própria permaneça sujeita apenas à legislação do primeiro Estado Contratante por um período não superior a três (3) anos.

Repetem-se as razões relativas ao item 2. Claro, ainda ditando sobre o Brasil e o Japão e sem incluir os demais países, o prazo de cinco anos poderá ser dilatado segundo a conveniência dessas duas nações.

Norma regulamentar terá de explicar o que se deve entender por circunstâncias especiais.

6. Uma pessoa que tenha estado sujeita às disposições do § 4 deste artigo não estará sujeita novamente àquelas disposições, salvo se decorrido um (1) ano desde o término da atividade por conta própria anterior.

Repetem-se os comentários anteriores. O § 6 cria um intervalo entre dois deslocamentos. Passados os 12 meses após a situação anterior, a disposição readquire validade. Nesses 12 meses subsequentes ao período de cinco ou oito anos ficará sujeito apenas à previdência social do país onde trabalha.

Capítulo VIII

Empregados Marítimos

Art. 8 – Empregados a Bordo de um Navio

Se uma pessoa trabalhar como empregado a bordo de um navio que ostente o pavilhão de um Estado Contratante e que estaria sujeita à legislação de ambos os Estados Contratantes se não houvesse este Acordo, aquela pessoa estará sujeita apenas à legislação daquele Estado Contratante.

O dispositivo explica a situação dos embarcados. Ele configura a hipótese de um embarcado que trabalhe num navio que porte a bandeira do Brasil ou a do Japão.

Assim sendo, se esse obreiro estivesse sujeito à legislação de um país, fica claro que, após esse acordo, ele se submeterá apenas à legislação do país cuja bandeira ostente.

Ou seja, os embarcados em águas nacionais ou internacionais submetem-se à legislação previdenciária da bandeira. Um acidente ocorrido num navio ou embarcação brasileira será apreciado à luz do PBPS ou do serviço público da União.

Não há referência à aviação internacional, mas o raciocínio deve ser o mesmo, aplicando-se a outras eventuais modalidades de locomoção ou trabalho que não seja aéreo ou marítimo, como as plataformas de prospecção de petróleo e as espaciais.

Não obstante o acima mencionado, aquela pessoa estará sujeita somente à legislação do outro Estado Contratante se aquela pessoa for empregada por um empregador com sede no território do outro Estado Contratante.

Porém, se essa mesma pessoa for empregada de uma empresa do outro Estado Contratante (Japão ou Brasil), a submissão se fará em relação àquele Estado Contratante.

As duas partes do artigo são mais trabalhistas do que previdenciárias, mas, evidentemente, têm implicações previdenciárias. Sempre que sobrevém um acidente de trabalho dentro da embarcação emergem dúvidas sobre qual será aplicável.

Capítulo IX
Órgãos Diplomáticos

Art. 9 – Membros de Missões Diplomáticas, Membros de Postos Consulares e Servidores Públicos

1. Este Acordo não afetará as disposições da Convenção de Viena sobre Relações Diplomáticas de 18 de abril de 1961, ou da Convenção de Viena sobre as Relações Consulares de 24 de Abril de 1963.

As convenções internacionais realizadas em Viena não são afetadas pelo acordo Brasil-Japão. Permanecem com seus textos que, em princípio, não cuidam de previdência social.

Uma primeira delas foi aprovada pelo Decreto n. 56.435/1965 e trata das relações diplomáticas.

Uma segunda foi aprovada pelo Decreto n. 61.078/1967 e se refere às relações consulares.

2. Observado o § 1 deste Artigo, quando qualquer servidor público de um Estado Contratante ou qualquer pessoa assim tratada na legislação daquele Estado Contratante for deslocado para trabalhar no território do outro Estado Contratante, aquela pessoa estará sujeita apenas à legislação do primeiro Estado Contratante como se aquela pessoa estivesse trabalhando no território do primeiro Estado Contratante.

Essa é uma disposição laboral relevante que, por ofender o princípio da aplicação da norma local, julga-se que os elaboradores dessa norma estão se referindo tão somente à legislação previdenciária. De regra, os diplomatas são servidores efetivos e se submetem ao regime próprio da União.

Aparentemente o § 2 está se referindo ao servidor, que já chamou de funcionário, e que "qualquer pessoa assim tratada na legislação daquele Estado Contratante" é o mesmo servidor e não o trabalhador da iniciativa privada.

Nesse caso, diria respeito aos servidores da União, da área do Ministério das Relações Exteriores, que venham a prestar serviços no exterior fora do território nacional. E que esses brasileiros continuariam submetidos à legislação previdenciária nacional. Da mesma forma, os servidores japoneses que vierem a trabalhar no Brasil manter-se-ão sob a legislação do país do sol nascente.

Capítulo X

Normas Excepcionais

Art. 10 – Exceções aos Arts. 6 a 9

A pedido de um empregado e um empregador ou de uma pessoa por conta própria, as autoridades competentes ou as instituições competentes de ambos os Estados Contratantes podem concordar em conceder uma exceção aos Arts. 6 a 9 para atender ao interesse de determinadas pessoas ou categorias de pessoas, desde que tais pessoas ou categorias de pessoas estejam sujeitas à legislação de um dos Estados Contratantes.

Todas as regras estabelecidas nos arts. 6 *usque* 9, antes comentadas, são excepcionadas e, invariavelmente, como antecipado, em precária redação.

Aparentemente, agora, fala-se apenas em empregados ou contribuintes individuais do RGPS (e aqui parece que o AIBJ esqueceu-se ou não quis abranger os servidores civis e militares) e dos empresários (*sic*), pessoas que poderiam requerer a não aplicação dos referidos dispositivos.

No Brasil, seriam os empregados regidos pela CLT e os contribuintes individuais (autônomos, empresários, eclesiásticos e eventuais).

Tal norma fala em "podem concordar", não constituindo um direito subjetivo. Para que essas autoridades quebrem a obrigatoriedade, é preciso que haja suficiente justificação para isso. A previdência social pública, por natureza e regra básica, é compulsória.

Esse requerimento do interessado, como soi acontecer, será examinado pelos organismos de ligação dos dois países, convindo que no final da instrução do procedimento sobrevenha um acordo coincidente de vontade administrativa e certa concordância de ideias.

Capítulo XI
Não Filiação dos Beneficiários

Art. 11 – Cônjuge e Filhos

Quando uma pessoa trabalhar no território do Japão e estiver sujeita somente à legislação do Brasil, de acordo com o art. 7, o § 2 do art. 9 ou o art. 10, o cônjuge ou filhos que venham com esta pessoa estarão isentos da legislação do Japão no que se refere ao sistema previdenciário japonês especificado no § 1, alínea (a), do art. 2, desde que os requerimentos especificados na legislação do Japão no que se refere à implementação dos acordos de previdência social estejam cumpridos.

Ab initio esse preceito fala do arquipélago japonês e admite pelo menos duas exceções a serem consideradas. Primeiro, daqueles que trabalham embarcados (e num certo sentido, essa embarcação pode ser considerada uma extensão do território do país cuja bandeira ostente) e segundo, as embaixadas (que também são tidas como território do país representado).

Será muito difícil de ocorrer, mas não impossível, de um brasileiro ser contratado para trabalhar num navio japonês ou num órgão de representação estrangeira e, então, aplicar-se-á o dispositivo comentado.

Cuidando, agora, da primeira prescrição não recíproca, o art. 11 refere-se aos dependentes do segurado brasileiro que o estejam acompanhando no território nipônico. Isto é, os cônjuges (a esposa em relação ao marido, a companheira em relação ao companheiro, o marido em relação à mulher e o companheiro em relação à companheira, e os filhos) não estarão obrigados à legislação previdenciária nipônica. E, é claro, excepcionalmente, os pais ou os irmãos, nas condições legais brasileiras.

O vocábulo "requerimentos" na oração, aparentemente, quer dizer que essas pessoas têm de requerer a dispensa.

Contudo, quando esses cônjuges ou filhos assim o requererem, o precedente não será aplicado.

Afinal, o dispositivo é modificado, tornando-se *ipso facto*, facultativo. Caso esses dependentes desejem, poderão filiar-se à previdência social japonesa.

No acordo, em relação ao Brasil, não existe disposição semelhante; então, os dependentes dos segurados japoneses aqui filiados sujeitam-se obrigatoriamente as nossas regras previdenciárias.

Capítulo XII

Filiação Compulsória

Art. 12 – Cobertura Compulsória

Os arts. 6 a 8, o § 2 do art. 9 e o art. 11 serão aplicados apenas à cobertura compulsória sob a legislação de cada Estado Contratante.

Os arts. 6 *usque* 8 e o § 2 do art. 9 tratam de trabalhadores imigrantes de ambos os países contratantes do acordo.

Já o art. 11, antes examinado, diz respeito apenas aos dependentes de segurados brasileiros.

Assim, tais dispositivos referem-se tão somente à filiação obrigatória.

No Brasil, sumariadamente podem ser indicados os principais segurados obrigatórios do RGPS e dos RPPS.

Servidor público

Na esfera federal o servidor é definido no Estatuto dos Servidores Públicos Civis da União (Lei n. 8.112/1990). Um servidor sem regime próprio de previdência social foi referido no primeiro RGPS, em setembro de 1960, atualmente preceituado no art. 13 do PCSS. O servidor federal ocupante de cargo em comissão tornou-se segurado obrigatório a partir da Lei n. 8.647/1993, regulamentada pelo Decreto n. 935/1993 (CF, art. 40, § 13).

Empregado

O empregado tornou-se segurado obrigatório em 1923, com a Lei Eloy Marcondes de Miranda Chaves (Decreto Legislativo n. 4.682/1923). Logo a seguir, a filiação foi estendida aos ferroviários (Decreto Legislativo n. 5.109/1926) e, na década de 1930, aos demais trabalhadores da iniciativa privada.

Autônomo

Esse é um segurado obrigatório desde 1960 e que, em 1999, tornou-se contribuinte individual.

Avulso

Previsto no Decreto Legislativo n. 5.109/1926, essa figura de portuário só foi bem explicitada com a Portaria MTPS n. 3.107/1971.

Empresário

No IAPC, algumas categorias de autônomos e empresários comerciantes puderam se filiar facultativamente, com capital superior a 30 contos de réis e, abaixo desse valor, sujeitando-se a obrigatoriedade (Decreto-lei n. 2.122/1940). Com a Lei n. 9.876/1999, foram designados como contribuintes individuais.

Feirante-comerciante

A partir de 1º.1.1949 (Proc. MTIC n. 474.364/1946), o feirante-comerciante foi tido como empresário e, conforme a Resolução CD/DNPS n. 1/1965, na condição de autônomo. Tornou-se contribuinte individual a partir de 29.11.1999.

Trabalhador rural

O rurícola foi admitido em 1963, pelo Estatuto do Trabalhador Rural — ETR (Lei n. 4.214/1963), ressurgindo bem melhor clarificado na Lei Complementar n. 11/1971 (PRORURAL).

Tratorista rural

Em 1953, o motorista e tratorista rural ingressaram no regime urbano, no âmbito do IAPETC (Lei n. 1.824/1953).

Segurado especial

O segurado especial compareceu na reforma de 1991, no art. 12, VII, do PCSS, com individualidade. Excepcionalmente, pode acumular a condição de facultativo.

Empregador rural

Até o ETR, não esteve obrigado. No ETR há menção a pequeno proprietário como segurado obrigatório ou facultativo. A partir do Decreto-lei n. 276/1967 e até a LC n. 11/1971, manteve-se o pequeno proprietário, mais bem explicado no art. 39 do Decreto n. 61.554/1967. Na LC n. 11/71 compareceu como o futuro segurado especial, na condição de trabalhador rural (art. 3º, § 1º, *b*).

Em 1991, o PCSS aludiu a um produtor rural pessoa física, e a Lei n. 8.870/94 ao produtor rural pessoa jurídica, equiparando-os ao empresário urbano.

Eventual

Em 1960, embora incipiente e não bem definido, compareceu o eventual, mais bem aclarado somente em 1973 (Portaria MTPS n. 3.217/73), hoje praticamente inexistente.

Doméstico

Facultativo desde 1960 (LOPS), em 1973 tornou-se segurado obrigatório, pela Lei n. 5.852/1973, regulamentada pelo Decreto n. 71.885/1973.

Aeroviário

Com a Caixa de Aposentadoria e Pensões dos Aeroviários (Portaria CNT n. 32/1934), permitiu-se ao aeroviário contribuir a partir de 1934.

Temporário

A Lei n. 6.019/1974 descreveu o temporário, regulamentada pelo Decreto n. 73.842/1974. Desde 1960 e até 10.6.1973, foi equiparado a avulso (sic). Na Lei n. 5.890/1973, e até 4.3.1974, era tido como autônomo. A partir da Lei n. 6.019/1974, como temporário propriamente dito, e desde 24.7.1991, previdenciariamente empregado.

Eclesiástico

O eclesiástico deixou a condição de facultativo e passou a segurado obrigatório com a Lei n. 6.696/1979. Sua definição é colhida nas Portarias MPAS ns. 1.984/1980 e 2.009/1980. A partir da Lei n. 9.876/1999 é considerado contribuinte individual.

Economiário

O Serviço de Assistência e Seguro Social dos Economiários — SASSE foi criado pela Lei n. 3.149/1957. Seu regulamento é o Decreto n. 43.931/58. O Decreto-lei n. 266/1967 passou o economiário da condição de estatutário para a de celetista. A Lei n. 6.430/1977 extinguiu o SASSE, sendo regulamentada a situação dos segurados pelo Decreto n. 80.012/1977.

Médico-residente

O médico-residente foi admitido em 1981 como segurado obrigatório (Leis ns. 6.932/1981, 7.217/1984 e 8.138/1990).

Estagiário

Desde a Portaria MTPS n. 1.002/1967, com a Lei n. 6.494/1977 e, atualmente, com a Lei n. 11.788/2008, o estagiário não foi considerado empregado nem segurado obrigatório.

Estrangeiro

A filiação do estrangeiro e, em particular, do empregado de representação estrangeira iniciou-se com a Lei n. 7.064/1972, prosseguiu com o Decreto-lei n. 2.253/1985, com a Lei n. 6.887/1980 e com o Decreto n. 87.374/1982.

Garimpeiro

O garimpeiro, definido como segurado especial em 1991, passou a equiparado a autônomo, *ex vi* da Lei n. 8.398/1992, mas desde o Decreto n. 75.208/1975 era segurado obrigatório.

Pescador

O pescador pode ser localizado no Decreto-lei n. 3.832/1941, no Decreto n. 71.398/1972 e na Lei n. 7.356/1985. O seringueiro, o marisqueiro e o faiscador são encontrados na Resolução CD/DNPS n. 442/1968.

Cartorário

O notário e o cartorário foram incluídos no RGPS, por meio da Lei n. 8.935/1994.

Parlamentar

O parlamentar (deputado federal e senador) tornou-se segurado obrigatório do IPC a partir de 1963 (Lei n. 4.284/1963). A Lei n. 9.506/1997 extinguiu o IPC e o parlamentar foi abrigado no RGPS (PCSS, art. 12, I, *h*).

Auxiliar local

A Lei n. 9.528/97 regulamentou a situação do auxiliar local, trabalhador brasileiro prestando serviços no exterior.

Vereador

Os edis tornaram-se segurados obrigatórios com a Lei n. 9.506/1997.

O Regulamento da Previdência Social (Decreto n. 3.048/1999) enuncia mais alguns segurados obrigatórios: pessoa física que edifica obra de construção civil, incorporador (Lei n. 4.591/1964), bolsista da Fundação Habitacional do Exército (Lei n. 6.855/1980), árbitro e seu auxiliar (Lei n. 9.615/1998), membro de conselho tutelar (Lei n. 8.069/1990), interventor, liquidante e administrado especial e o diretor fiscal de instituição financeira (Decreto n. 4.032/2001).

Segurado facultativo

Desde que não seja um segurado obrigatório o art. 13 do PBPS admite o facultativo:

"É segurado facultativo o maior de 14 (quatorze) anos que se filiar ao Regime Geral de Previdência Social, mediante contribuição, desde que não incluído nas disposições do art. 11", uma pessoa que nunca exerceu atividades ou que as cessou.

Na nossa legislação não há obstáculo para quem foi trabalhar no exterior, podendo manter a filiação ao RGPS mediante a contribuição como facultativo. Entretanto, o Decreto n. 7.054/2009 acresceu um inciso X ao art. 11 do RPS dizendo:

> "o brasileiro residente ou domiciliado no exterior, salvo se filiado a regime previdenciário de país com o qual o Brasil mantenha acordo internacional".

O decreto é impróprio e sem sentido, pois esse brasileiro não poderia computar tempo concomitante do Japão, e poderá ser discutido na Justiça Federal.

Capítulo XIII

Benefícios Japoneses

Parte III – Disposições sobre Benefícios
Capítulo 1 – Disposições relativas a Benefícios Japoneses
Art. 13 – Totalização

1. Quando uma pessoa não possuir períodos de cobertura suficientes para atender aos requisitos para o direito a benefícios japoneses, a instituição competente do Japão levará em consideração, para fins de estabelecer direitos a esses benefícios sob este Artigo, os períodos de cobertura sob a legislação do Brasil desde que não coincidam com os períodos de cobertura sob a legislação do Japão.

Essa é norma exclusivamente válida no Japão. Na hipótese de alguém — que não tem de ser necessariamente nipônico, mas filiado à previdência social japonesa — não preencher os requisitos legais para a concessão de um benefício daquele país oriental, atendendo à bilateralidade do acordo, poderá contar com contribuições realizadas no Brasil.

À evidência, como sucede com a nossa contagem recíproca de tempo de serviço — em que se tem que um período de tempo de serviço é consumido num regime, ele não poderá ser utilizado em outro —, o período brasileiro somente será considerado se não coincidir com o período de trabalho no Japão.

Pelo menos antes de 1º.3.2012, muitos brasileiros que imigraram para o Japão, para não perderem os direitos, ao deixarem o Brasil aqui se filiaram ou se mantiveram como segurados facultativos. Tais mensalidades, se coincidentes com as mensalidades nipônicas, não se prestarão para complementar os requisitos ali necessários.

Embora rara a possibilidade, a disposição não descarta a hipótese de esses trabalhadores simultaneamente preencherem os requisitos legais nos dois países e aí, então, fazerem jus a dois benefícios (o que já sucedia antes do AIBJ).

Contudo, o acima mencionado não se aplicará aos benefícios adicionais para determinadas ocupações sob as previdências mútuas e os benefícios de pecúlio equivalentes à restituição de contribuições.

O final do parágrafo exclui alguns participantes e situações locais que, então, permitirão o aproveitamento das contribuições brasileiras.

Benefícios adicionais devem ser conquistas dos japoneses em relação à legislação usual, como sucede com muita frequência aqui no Brasil, em que são inumeráveis os casos. Para essas circunstâncias não se aplica o inciso I.

2. Ao aplicar o § 1 deste artigo, os períodos de cobertura sob a legislação do Brasil serão levados em consideração como períodos de cobertura sob os sistemas previdenciários japoneses para empregados e como os períodos de cobertura correspondentes sob a Pensão Nacional.

O art. 13 trata, novamente, de uma disposição que se refere exclusivamente ao Japão. Ainda uma vez com péssima redação. O tema é a expectativa de direito, ou seja, a falta do cumprimento do período de carência naquele país.

A totalização é limitada, por conseguinte ao regime dos empregados e aos filiados no regime da Pensão Nacional.

Note-se que o cálculo do benefício hipotético no Brasil ou no Japão será feito com fulcro nas contribuições vertidas em cada um deles e sujeito à legislação local.

A seguridade social nipônica é um sistema público, constituído pelo seguro-saúde (*kenko hoken*) e por dois regimes de benefícios previdenciários (*kousei nenkin*): a) um sistema universal e b) um sistema para os assalariados (*shakai hoken*).

Esse sistema garante ao securitário a subsistência financeira dos trabalhadores e seus dependentes em caso de doença, invalidez, aposentadoria ou morte do titular.

As aposentadorias e o resgate são divididos pelo *status civitatis*.

Nacionalidade japonesa ou dupla nacionalidade

O tempo mínimo de contribuições necessárias é de 25 anos. Um período sem contribuição durante estadia no exterior (fora do Japão após 20 anos) também é considerado, mas esses segurados não têm o direito de resgatar parcialmente o valor aportado.

Visto permanente

Para quem tem o visto permanente, o tempo de contribuição necessário é de 25 anos, o período sem contribuição durante a estadia no exterior (fora do Japão após 20 anos) também é computado, e os segurados com esse *status* jurídico têm o direito de resgatar parcialmente o montante aportado, caso retornem sem o *reentry*.

Estrangeiro sem o visto permanente

O tempo de contribuição necessário é ainda de 25 anos. O período sem contribuição durante a estadia no exterior (fora do Japão após 20 anos) não é considerado. Para esses contribuintes é deferido um resgate parcial do valor contribuído.

Shakai hoken

Todas as pessoas maiores de 20 anos e menores de 60 residentes em território nipônico, independentemente da nacionalidade, devem contribuir para o sistema previdenciário público.

Com sua contribuição abatida do salário bruto do trabalhador, o indivíduo passa a ter direito a descontos de 70% nos serviços de saúde japoneses, em geral bastante caros.

No caso de um acidente de trabalho, risco a que os trabalhadores de fábrica se expõem diariamente, uma pessoa não coberta por esse benefício tem despesas altíssimas, além de ficar dias sem trabalhar.

Seguro social

Há alguns anos, o governo japonês vem cobrando das empresas a inscrição dos empregados no seguro social. O custo é dividido entre a empresa e o trabalhador, sendo que a parcela do trabalhador é descontada diretamente no salário, e a contribuição varia conforme o total recebido.

Enquanto estiver no Japão, a contribuição deverá ser paga até o segurado completar 65 anos de idade. No caso de doença ou acidente que o deixe inválido pelo resto da vida, o contribuinte tem o direito de receber uma aposentadoria por invalidez básica enquanto estiver no Japão.

De acordo com a legislação japonesa, todos os empregadores devem inscrever os seus trabalhadores no seguro social quando tiverem mais de cinco empregados que trabalhem acima de 30 horas semanais e prestem serviços à empresa há mais de dois meses.

Contribuição mensal

O *shakai hoken* é destinado aos trabalhadores assalariados. A taxa de contribuição é dividida da seguinte forma: a parte relativa ao seguro-saúde (*kenko hoken*) é de 8,2% do salário mensal. A parcela referente à Aposentadoria e Bem-Estar Social (*kosei nenkin hoken*) consome 13,58%. Para pessoas acima de 40 anos existe um adicional de 1,11%. Esses índices devem ser somados e divididos por dois, pois são rateados entre o trabalhador e a empresa contratante.

Apesar dos benefícios proporcionados, a adesão ao *shakai hoken* ainda é vista com reservas por muitos *dekasseguis* por causa da sua taxa de contribuição.

Auxílio-doença

Se o segurado adoecer ou sofrer um acidente fora do trabalho e não puder receber salários por mais de quatro dias consecutivos, impossibilitado de trabalhar por estar sob tratamento médico, a partir do quarto dia, ele receberá um valor equivalente a 60% do salário padrão diário (*hyojun hoshu nichigaku*).

O período de recebimento desse auxílio poderá ser de um ano e seis meses a contar do início do pagamento.

Salário-maternidade

Se a segurada for a própria gestante, será concedido um auxílio de licença-maternidade (42 dias antes do parto, 98 se for gravidez múltipla; e 56 dias após o parto). Nesse período, ela receberá 60% do valor da remuneração padrão diária e uma assistência maternidade (¥ 350 mil por criança). Se a gestante for dependente do segurado, ela receberá ¥ 350 mil por criança.

Auxílio-funeral

Em caso de falecimento do segurado será fornecido o auxílio-funeral (*maiso-ryo*), e em caso de falecimento do dependente será pago auxílio-funeral à família (*kazoku maiso-ryo*).

Falecendo o segurado, o auxílio será um valor equivalente à remuneração mensal padrão para a família que dependia financeiramente do segurado e que realizou o funeral (mínimo de ¥ 100 mil).

Se for um dependente, será oferecido um auxílio-funeral à família.

Aposentadoria por idade

São três modalidades:

a) 65 anos de idade com 25 anos de contribuição. A renda anual é de cerca de 785.500 ienes.

b) 60 anos de idade, com redução do valor.

c) 66 anos de idade, com aumento do valor. No sistema universal o valor é de 785.500 ienes anuais.

No sistema dos assalariados: 0,75% da média por ano de contribuição.

Aposentadoria por invalidez

No sistema universal é de 981.900 ienes anuais para a invalidez total, e 785.500 ienes anuais para a invalidez parcial.

Pensão por morte

O cônjuge, pais, avós, bisavós, filhos, netos e irmãos mais novos são considerados dependentes e não precisam residir com o segurado. Já os irmãos mais velhos, tios, sobrinhos e seus cônjuges e os parentes do cônjuge devem, obrigatoriamente, residir sob o mesmo teto do titular.

O valor é de 785.500 ienes anuais para o cônjuge: 266.000 ienes anuais para até dois filhos e 75.300 por criança adicional.

Resgate

Aqueles que participaram de planos previdenciários públicos no Japão há mais de seis meses podem solicitar a devolução das contribuições, na forma de um pecúlio. Com isso, desfazem a relação jurídica com o regime, trazendo consequências ao AIBJ.

Têm direito aqueles que, enquadrando-se nas quatro condições abaixo e já tendo se desligado do Plano Nacional de Pensão, do Plano de Pensão Previdenciária ou da Sociedade de Mútua Assistência, requerem esse pecúlio dentro de dois anos a partir da saída do Japão. Os requisitos são os seguintes:

1. Não ter nacionalidade japonesa.

2. Ter pago contribuições ao Plano Nacional de Pensão por um total de seis meses ou mais — incluindo meses de pagamento de contribuições e períodos correspondentes a meio mês no período de isenção de 50% das contribuições.

3. Não residir no Japão, condição restrita aos que, tendo residido no Japão com visto regular após 9.11.94, já tenham deixado o país.

4. Não ter usufruído o direito de receber benefício, inclusive o auxílio-invalidez.

O valor aportado para o plano de seguro-saúde não é resgatável. As contribuições da aposentadoria, depois de um período mínimo de seis meses e máximo de três anos, podem ser resgatadas para os não japoneses.

A porcentagem de resgate varia de 90 a 95% do montante, conforme a data de desligamento do *shakai hoken*.

Dekassegui

De acordo com a Enciclopédia Wikipedia, *dekassegui* "(出稼ぎ *dekasegi*?) é um termo formado pela união dos verbetes na língua japonesa 出る (*deru*, sair) e 稼ぐ (*kasegu*, para trabalhar, ganhar dinheiro trabalhando), tendo como significado literário "trabalhando distante de casa" e designando qualquer pessoa que deixa sua terra natal para trabalhar temporariamente em outra região ou país.

Assim são igualmente denominados os nipo-brasileiros, nipo-peruanos e todos que emigram para o Japão, tendo ou não ascendência japonesa. Os japoneses de Hokkaido que migram para os grandes centros a trabalho, como Tóquio e Osaka, também são chamados de *dekasseguis*.

A partir do fim dos anos 1980, ocorreu uma inversão do fluxo migratório entre o Brasil e o Japão. Os brasileiros descendentes ou cônjuges de japoneses passaram a emigrar para o Japão à procura de melhores oportunidades de trabalho. Surgiu, então, a comunidade dos "*dekasseguis* brasileiros no Japão".

Capítulo XIV

Invalidez e Pensão por Morte

Art. 14 – Disposições Especiais relativas a Benefícios por Invalidez e Pensões por Morte

1. Quando a legislação do Japão exigir para o estabelecimento do direito a benefícios por invalidez ou pensões por morte (excetuados os pagamentos de pecúlio correspondentes às restituições de contribuições) que a data da primeira perícia médica ou da morte esteja dentro de determinados períodos de cobertura, esta exigência será considerada cumprida para o propósito de estabelecer direito àqueles benefícios se tal data estiver compreendida em períodos de cobertura sob a legislação do Brasil.

O art. 14, em seu § 1º, estabelece uma correlação entre o período de carência brasileiro com igual exigência do regime japonês. Assim, os nipônicos no Japão terão direito à aposentadoria por invalidez caso a perícia médica sobrevir depois de completada a carência brasileira de 12 contribuições.

Quer dizer, aqui, como lá, é praticado o lema do ingresso de o incapaz não fazer jus às prestações por incapacidade.

No caso de acidente do trabalho, o RGPS brasileiro não exige carência (PBPS, art. 26).

É preciso, pois, que a Data do Óbito decorrente de infortúnio laboral do segurado ocorra após o preenchimento do período de carência brasileiro (que é apenas uma contribuição, por assim dizer).

O falecimento do segurado que cessou as atividades suscita a questão da sua qualidade de segurado. Não bastaria ele ter contribuído minimamente, como continuar mantendo esse atributo jurídico.

Nesse sentido convém reproduzir o art. 15 do PBPS:

"Mantém a qualidade de segurado, independente de contribuições:

I – sem limite de prazo, quem está em gozo de benefício;

II – até 12 (doze) meses após a cessação das contribuições, o segurado que deixar de exercer atividade remunerada abrangida pela Previdência Social ou estiver suspenso ou licenciado sem remuneração;

III – até 12 (doze) meses após cessar a segregação, o segurado acometido de doença de segregação compulsória;

IV – até 12 (doze) meses após o livramento, o segurado retido ou recluso;

V – até 3 (três) meses após o licenciamento, o segurado incorporado às Formas Armadas para prestar serviço militar;

VI – até 6 (seis) meses após a cessação das contribuições, o segurado facultativo;

§ 1º O prazo do inciso II será prorrogado para até 24 (vinte e quatro) meses se o segurado já tiver pago mais de 120 (cento e vinte) contribuições mensais sem interrupção que acarrete a perda da qualidade de segurado.

§ 2º Os prazos do inciso II ou do § 1º serão acrescidos de 12 (doze) meses para o segurado desempregado, desde que comprova essa situação pelo registro no órgão próprio do Ministério do Trabalho e da Previdência Social.

§ 3º Durante os prazos deste artigo, o segurado conserva todos os seus direitos perante a Previdência Social.

§ 4º A perda da qualidade de segurado ocorrerá no dia seguinte ao do término do prazo fixado no Plano de Custeio da Seguridade Social para recolhimento da contribuição referente ao mês imediatamente posterior ao do final dos prazos fixados neste artigo e seus parágrafos".

A preservação desse atributo jurídico previdenciário depois da cessação da atividade e da contribuição pode ser avultada a partir da *causa mortis* (ela evidenciaria uma moléstia assecuratória do auxílio-doença ou aposentadoria por invalidez, não requerida oportunamente pelo *de cujus*).

Contudo, se o direito a benefícios por invalidez ou pensão por morte (excetuados os pagamentos de pecúlio correspondentes às restituições de contribuições) sob a Pensão Nacional for estabelecido sem a aplicação deste Artigo, este artigo não será aplicado para o propósito de estabelecer direito a benefícios por invalidez ou a pensão por morte (excetuados os pagamentos de pecúlio correspondentes às restituições de contribuições) com base no mesmo evento segurado sob os sistemas previdenciários japoneses para empregados.

O dispositivo anterior excepcionado diz que o período de cobertura brasileiro será considerado para efeito de completar o direito a um benefício japonês. Agora, essa parte do preceito diz que se isso não acontecer, a pessoa não fará jus aos dois benefícios.

O acordo não esclarece o critério da perícia médica de cada país para o deferimento da aposentadoria por invalidez (por exemplo, se o segurado deve ser examinado pelos órgãos gestores dos países, o que não sucede).

Se não há direito no Brasil, o japonês terá de se louvar na norma jurídica do seu país e sem aplicação do AIBJ. Ainda que o Japão pudesse indeferir essa prestação e o Brasil não, o benefício se imporia nos dois países.

2. Ao aplicar o § 1 deste artigo, no que se refere a uma pessoa que possua períodos de cobertura sob dois ou mais sistemas previdenciários japoneses para empregados, a

exigência referida naquele parágrafo será considerada cumprida em um daqueles sistemas previdenciários de acordo com a legislação do Japão.

Como sucede no Brasil, uma pessoa pode ser simultaneamente filiada obrigatoriamente a mais de um regime de previdência social (RGPS, RPPS, regime dos militares e dos congressistas). Então, para todos os fins, o cumprimento dos requisitos exigidos num deles será suficiente e transportado para os demais regimes. *In casu*, essa regra somente valerá para o segurado empregado japonês.

No Brasil, se um segurado, empregado ou não, exercer duas ou mais atividades, será filiado obrigatoriamente em todas elas. Se ele completa a carência numa delas, entender-se-á que completou nas demais e, destarte, o cálculo do benefício levará em conta as contribuições conforme as regras do art. 32 do PBPS.

3. O § 1 do art. 5 não afetará as disposições da legislação do Japão que requerem que uma pessoa, com idade igual ou superior a 60, mas abaixo de 65, resida habitualmente no território do Japão, na data da primeira perícia médica ou da morte, para aquisição do direito à Aposentadoria Básica por Invalidez ou à Pensão Básica por Morte.

Vale recordar o que diz o inciso 1 do art. 5:

> "Salvo disposição contrária neste Acordo, qualquer disposição da legislação de um Estado Contratante que restrinja o direito a ou o pagamento de benefícios somente devido a que a pessoa habitualmente resida fora do território deste Estado Contratante não será aplicável a pessoas que residam habitualmente no território do outro Estado Contratante."

O § 3 é afirmativo. Ele vale para os japoneses que vivem no Japão. Garante a preservação das normas referentes ao direito à aposentadoria por invalidez e à pensão por morte para os nipônicos residentes no país e que tenham mais de 60 anos e menos de 65 anos de idade.

Capítulo XV

Valor dos Benefícios

Art. 15 – Cálculo do Valor dos Benefícios

1. Quando o direito a um benefício japonês for estabelecido em virtude do § 1 do art. 13 ou do § 1 do art. 14, a instituição competente do Japão calculará o valor daquele benefício em conformidade com a legislação do Japão, sujeito aos §§ 2 a 5 deste artigo.

O art. 15 trata do cálculo da renda mensal inicial dos benefícios previstos nos arts. 13 e 14, preceitos esses antes comentados. São aqueles que totalizam os períodos de cobertura nos dois países para que o direito seja decantado. Terá de observar a legislação do Japão, com as explicitações dos §§ 2 *usque* 5 deste art. 15.

Claro, o mesmo se passará no Brasil. De modo geral, em decorrência dos tratados bilaterais de previdência social, são operados dois cálculos da renda hipotética, cada um deles observando os comandos da legislação local. Nos dois países será aferida essa mensalidade virtual, aqui designada como renda hipotética, cujo valor apenas se prestará para o cálculo da mensalidade real, aquela que será desembolsada pelo órgão gestor. À evidência, derivada da proporcionalidade da responsabilidade.

Como as legislações nacionais não coincidem, por ora abstraindo as diferenças monetárias, os dois montantes não serão iguais (ainda que o tempo de serviço pudesse ser igual). Feito isso, é preciso buscar o critério de proporcionalidade de cada país a partir dos períodos de cobertura de cada benefício e aplicá-lo.

Para dar um exemplo esclarecedor, no caso de acordos em que os dois países deferem aposentadoria por tempo de contribuição — o que não sucederá no AIBJ —, se uma trabalhadora prestou serviço no exterior durante 20 anos e 10 anos no Brasil, ela receberá 1/3 da nossa renda mensal hipotética — calculada com os nossos critérios, salários de contribuição, médias, percentuais, limites etc. — e 2/3 da renda mensal hipotética do exterior, de igual modo submetidos às regras locais. Claro, aqui no Brasil sujeita ao fator previdenciário e lá fora, não.

Evidentemente serão requeridos, protocolados, instruídos, deferidos e mantidos dois benefícios. Se for o caso, e isso é recomendável, o país onde não resida o beneficiário mensalmente transferirá as importâncias devidas para o país onde ele resida. A rigor, mediante convênio, os organismos de ligação podem incumbir-se dessas transferências, englobando e compensando os valores.

> 2. Com referência à Aposentadoria Básica por Invalidez e outros benefícios, cujo valor é um montante fixo independentemente dos períodos de cobertura, caso as exigências para receber tais benefícios sejam cumpridas em virtude do § 1 do art. 13 ou do § 1 do art. 14, o valor a ser concedido será calculado de acordo com a proporção da soma dos tempos de contribuição e dos períodos dispensados de contribuição sob o sistema previdenciário a partir do qual tais benefícios serão pagos frente ao período teórico de cobertura, mencionado no § 4 deste artigo.

Não se sabe por que o elaborador dos preceitos chamou agora a aposentadoria por invalidez de básica (talvez esteja se referindo ao benefício mínimo, no Brasil, de um salário mínimo). No Japão existe uma aposentadoria por invalidez parcial e uma aposentadoria por invalidez total, com valores diferentes.

Por outro lado, também é possível que esteja se referindo à falta de período de carência. Não se sabe quais seriam esses "outros benefícios".

Entretanto, os períodos de filiação (ou, caso se queira, de contribuição ou de cobertura) serão considerados apenas para efeito da determinação da proporcionalidade. Se alguém trabalhou dois anos no Japão e 18 anos no Brasil, aquele país desembolsará 2/20 da renda hipotética e o nosso país 18/20 do mesmo valor aqui apurado, segundo as nossas normas.

Esse é dispositivo despiciendo no Brasil; a aposentadoria por invalidez, a aposentadoria por idade e, reflexivamente, a pensão por morte são benefícios calculados e não cifrados (como é o nosso benefício de pagamento continuado da LOAS). Logo, a regra somente vale principalmente para o cálculo japonês.

> 3. Com relação a benefícios por invalidez e pensões por morte sob os sistemas previdenciários japoneses para empregados, conquanto o valor de tais benefícios a serem concedidos for calculado com base em um período especificado determinado pela legislação do Japão, quando os períodos de cobertura sob tais sistemas forem inferiores a este período especificado, se as exigências para receber tais benefícios forem cumpridas em virtude do § 1 do art. 13 ou do § 1 do art. 14, o valor a ser concedido será calculado de acordo com a proporção dos períodos de cobertura sob os sistemas previdenciários japoneses para empregados frente ao período teórico de cobertura, mencionado no § 4 deste artigo.

Esse é mais um exemplo de uma regra especialmente nipônica. Parece uma norma interna que não nos diz respeito sobre as menções aos arts. 13 e 14 do AIBJ. Quereria dizer que as contribuições brasileiras seriam consideradas para efeito das prestações nipônicas.

Trata-se de dois benefícios japoneses não programados (aposentadoria por invalidez e pensão por morte). Refere-se exclusivamente aos empregados. Caso, para a sua definição, seja necessária a utilização de períodos não nipônicos, eles serão calculados proporcionalmente à participação japonesa na soma dos períodos.

Contudo, quando o período teórico de cobertura exceder aquele período especificado, o período teórico de cobertura será considerado como igual ao período especificado.

Contribuições além das exigidas não serão consideradas no cálculo da prestação nipônica. Para quem detenha 10 contribuições num regime que exige 12 aportes mensais, caso tivesse 20 contribuições brasileiras, apenas duas delas serão consideradas.

4. Para os propósitos dos §§ 2 e 3 deste Artigo, "período teórico de cobertura" significa a soma dos seguintes períodos (observado que ele não poderá incluir o período após o mês no qual ocorra o dia de reconhecimento da invalidez ou o período que inicia com o mês em que ocorre o dia subsequente ao dia da morte):

Reconhecendo a dificuldade de compreensão, o § 4 tenta definir o que seja esse período teórico de cobertura, com as letras "a" e "c".

a) o período desde o mês no qual é completada a idade de 20 anos até o mês precedente ao mês no qual é completada a idade de 60 anos, salvo o período anterior a 1º de abril de 1961;

Serão considerados os meses compreendidos entre aquele em que o japonês completou 10 anos e que vai até o mês anterior a se tornar um sexagenário, excetuado o período anterior a abril de 1961.

b) períodos de contribuição sob a legislação do Japão que não coincidam com o período mencionado na alínea (a) deste parágrafo; e

Serão considerados também os períodos não coincidentes com os 40 anos da alínea "a" e, pela redação, dá a impressão que ali e aqui sopesa os períodos brasileiros.

c) períodos de cobertura sob a legislação do Brasil que não coincidam com períodos mencionados na alínea (b) deste parágrafo, no caso de que o mês no qual ocorre o dia do reconhecimento da invalidez ou o mês anterior ao mês no qual ocorre o dia subsequente à morte estejam antes do período mencionado na alínea (a) deste parágrafo.

Mais um requisito: trabalho realizado no Brasil não coincide com o trabalho realizado no Japão.

5. Com relação ao cálculo do valor dos benefícios sob os sistemas previdenciários japoneses para empregados sob os §§ 2 e 3 deste artigo, caso a pessoa que tenha direito aos benefícios possua períodos de cobertura sob dois ou mais tais sistemas previdenciários, os períodos de contribuição sob o sistema previdenciário do qual tais benefícios serão pagos mencionados no § 2 deste

artigo ou os períodos de cobertura sob os sistemas previdenciários japoneses para empregados mencionados no § 3 deste artigo serão a soma dos períodos de cobertura sob todos estes sistemas previdenciários.

A interpretação desse preceito é mais ou menos a mesma que se fazia até 31.12.66, quando o Brasil tinha uma multiplicidade de institutos de previdência social. Aparentemente, afirma-se que se um japonês estiver filiado a dois ou mais regimes nipônicos e em todos eles atender às exigências, os salários de contribuição serão somados.

Contudo, quando a soma dos períodos de cobertura igualar ou exceder o período especificado determinado pela legislação do Japão prevista no § 3 deste artigo, o método de cálculo estipulado no § 3 deste artigo e neste § não será aplicado.

Logo, se as contribuições mensais excederem as necessárias, elas não serão consideradas.

6. Com relação ao Benefício Adicional para Cônjuges que está incluído na Aposentadoria por Idade dos Empregados e quaisquer outros benefícios que possam ser concedidos como um valor fixo em casos em que os períodos de cobertura sob os sistemas previdenciários japoneses para empregados se igualem a ou excedam os períodos especificados determinados pela legislação do Japão, caso as exigências para receber tais benefícios sejam cumpridas em virtude do § 1 do art. 13, o valor a ser concedido será calculado de acordo com a proporção destes períodos de cobertura sob os sistemas previdenciários japoneses para empregados sob os quais tais benefícios serão pagos frente àquele período especificado.

Aparentemente o Japão teria uma aposentadoria por idade que contempla um adicional para o cônjuge do segurado. Nesse caso e em outros mais, e sempre se referindo apenas aos empregados, o benefício será calculado conforme a proporcionalidade do acordo.

Capítulo XVI
Duplicidade de Filiação

Art. 16 – Exceção ao art. 4

O art. 4 não afetará as disposições sobre períodos complementares para nacionais japoneses fundamentados na residência habitual fora do território do Japão sob a legislação do Japão.

Em razão da remissão reproduz-se o art. 4 do acordo:

> "Salvo disposição contrária neste Acordo, as pessoas especificadas no art. 3 e que habitualmente residam no território de um Estado Contratante receberão tratamento igual dispensado aos nacionais daquele Estado Contratante na aplicação da legislação daquele Estado Contratante".

Recordando-se que esse art. 4, então atendido, trata do princípio da reciprocidade de tratamento, antes aqui apreciado, não se sabe exatamente o que o elaborador dessa norma quis dizer com períodos complementares nem o que seja a dicção "nacionais japoneses fundamentados".

Supõe-se que mencione períodos de trabalho exercitados fora do território do Japão sujeitos à legislação nipônica. Portanto, pessoas embarcadas ou que façam parte dos diversos organismos de representação (embaixadas e consulados).

Quer dizer, a reciprocidade de tratamento não afetaria a situação desses japoneses que estejam residindo e trabalhando fora do território nipônico e no Brasil, pois o acordo apenas diz respeito aos dois países amigos.

De todo modo, vale recordar que se um brasileiro ou japonês separadamente preenche os requisitos legais de ambas as legislações territoriais (o que certamente apenas será possível para quem trabalha nos órgãos de representação), ele fará jus às duas prestações.

Exemplificativamente imagine-se que um japonês, que trabalha para a embaixada japonesa em Brasília e se submeta ao regime nipônico de previdência social, ao mesmo tempo, legalmente exerça uma atividade privada que o submeta ao nosso RGPS. Atendidos os pressupostos legais dos dois cenários, fará jus a benefícios japoneses e brasileiros.

Capítulo XVII

Benefícios Brasileiros

Capítulo 2 – Disposições relativas a Benefícios Brasileiros

Art. 17 – Totalização e Regras de Cálculo

1. Quando uma pessoa não for elegível a um benefício sob a legislação do Brasil por não ter acumulado períodos de cobertura suficientes de acordo com aquela legislação, os períodos de cobertura sob a legislação do Japão serão também considerados para determinar a elegibilidade daquela pessoa.

Um brasileiro com 65 anos de idade, pensando na aposentadoria por idade (e que reclama um mínimo de 15 anos de contribuição), se não detiver 180 contribuições mensais brasileiras, poderá completá-las com mensalidades recolhidas no Japão. Trabalhando cinco anos no país oriental e 10 anos no Brasil, terá o período de carência brasileira atendido.

No que diz respeito à aposentadoria por invalidez comum, que exige 12 contribuições, se trabalhou no mínimo quatro meses no Japão e oito meses no Brasil fará jus ao benefício.

Para a aposentadoria acidentária não se cogita dessa soma de períodos contributivos, ora chamada de totalização, para assegurar o direito ao benefício, pois ela está dispensada da carência.

Nossa carência é disciplinada nos arts. 25 *usque* 26 do PBPS:

"Art. 25. A concessão das prestações pecuniárias do Regime Geral de Previdência Social depende dos seguintes períodos de carência, ressalvado o disposto no art. 26:

I – auxílio-doença e aposentadoria por invalidez: 12 (doze) contribuições mensais.

II – aposentadoria por idade, aposentadoria por tempo de serviço e aposentadoria especial: 180 contribuições mensais."

Noutro momento o PPBS rege a dispensa de carência.

"Art. 26. Independente de carência, concessão das seguintes prestações:

I – pensão por morte, auxílio-reclusão, salário-família e auxílio-acidente;

II – auxílio-doença e aposentadoria por invalidez nos casos de acidente de qualquer natureza ou causa e de doença profissional ou do trabalho, bem como nos casos de segurado que, após filiar-se ao Regime Geral de Previdência Social, for acometido de alguma das doenças e afecções especificadas em lista elaborada pelo Ministério da Saúde e do Trabalho e da Previdência Social a cada três anos, de acordo com os critérios de estigma, deformação, mutilação, deficiência, ou outro fator que lhe confira especificidade e gravidade que mereçam tratamento particularizado;

III – os benefícios concedidos na forma do inciso I do art. 39, aos segurados especiais referidos no inciso VII do art. 11 desta Lei;

IV – serviço social;

V – reabilitação profissional."

Para aplicar o acima mencionado, a instituição competente do Brasil deverá:

O final do § 1, acima reproduzido, explica como será o cálculo do benefício.

a) calcular o valor teórico do benefício que seria pago se todos os períodos de cobertura houvessem sido completados sob a legislação do Brasil;

O INSS ou um RPPS estimará a renda mensal hipotética como se os requisitos legais exigidos tivessem sido aqui cumpridos.

Esses cálculos são complexos em cada caso e podem ser explicitados nas suas várias fases.

Período básico de cálculo

Em cada caso impõe-se a apuração do Período Básico de Cálculo (PBC), aquele que leva em conta as contribuições desde julho de 1994 ou posteriores a essa data e que vai até o mês véspera do pedido do benefício.

Salários de contribuição

Determinado o PBC, são examinados os salários das contribuições recolhidas ou não, de modo geral aquelas constantes do CNIS do trabalhador.

Atualização monetária

Apurados os salários de contribuição, mensalmente eles serão atualizados monetariamente em face da perda do poder aquisitivo da nossa moeda. No final desse procedimento é como se não existisse inflação.

Expurgo dos 20% menores salários de contribuição

Em seguida, depois de atualizados, são eliminados os 20% menores salários de contribuição. São expurgados os valores e os meses correspondentes, diminuindo-se o número de mensalidades do PBC.

Soma dos 80% maiores salários de contribuição

O passo seguinte é somar os 80% maiores salários de contribuição, devidamente corrigidos, aqueles que resultaram depois do expurgo antes indicado.

Divisão da soma pelo número de meses

Somados esses salários de contribuição, o total encontrado será dividido pelo número de meses considerados no PBC. Para quem contribuiu desde julho de 1994 a janeiro de 2012, serão 210 meses e 20% darão 42 meses, restando 168 para o cálculo da média dos salários de contribuição.

Obtenção da média dos salários de contribuição

Essa divisão determinará a média dos salários de contribuição.

Observância dos pisos mínimo e máximo dessa média

Por ora abstraindo questiúnculas doutrinárias jacentes, a média dos salários de contribuição não pode resultar, em 2012, a valor inferior a R$ 622,00 (salário mínimo vigente) nem superior a R$ 3.916,20 (teto da previdência social).

Definição do salário de benefício

Atendido esse último exame, tem-se o salário de benefício.

Coeficientes do segurado ou do benefício

A seguir, será preciso consultar o coeficiente aplicado ao benefício. Por exemplo, na aposentadoria por idade de quem contribuiu por 15 anos, será de 70% + 15% = 85%.

Multiplicação do coeficiente pelo salário de benefício

O salário de benefício será multiplicado pelo coeficiente. Se ele resultou em R$ 3.000,00, ter-se-á R$ 3.000,00 x 85% = R$ 2.550,00.

Observância do piso mínimo e do piso máximo

O valor encontrado terá de observar o piso mínimo e o máximo da previdência social, excetuada a hipótese do acréscimo de 25% do art. 45 do PBPS.

Aplicação do fator previdenciário

Em se tratando da aposentadoria por idade, quando o segurado for pessoa com idade avançada, cogita-se da aplicação do fator previdenciário. No mesmo exemplo, se ele for 2,000, o cálculo será R$ 2.550,00 x 2,000 = R$ 5.100,00, mas reduzido a R$ 3.916,20, por ter ultrapassado o teto.

Coeficientes do salário de benefício

Tipos de benefícios	Percentuais do salário de benefício
Aposentadoria por invalidez	100%
Pensão por morte	100%
Aposentadoria por idade	70% + 1% por ano de contribuições brasileira e japonesa.

b) sobre a base daquele valor teórico, calcular, então, o valor real do benefício a ser pago de acordo com a razão entre a duração dos períodos de cobertura completados sob a legislação do Brasil e a duração total dos períodos de cobertura sob a legislação de ambos os Estados Contratantes.

Apurada a renda mensal hipotética, em seguida multiplicará esse valor pela relação entre os dois períodos. No exemplo anterior, o Brasil pagará 2/3 da renda hipotética que se tornará real e o Japão pagará 1/3 do mesmo valor.

Embora seja relevante, o AIBJ não atribuiu ênfase a esse cálculo. Adotou o critério da proporcionalidade da responsabilidade pecuniária. Poderia ter consagrado a ideia, como sucede com a contagem recíproca, de o órgão gestor pagar as duas frações apuradas e reembolsar-se com o outro país contratante, mediante desembolso simples ou compensação. Mas, note-se, consta que existem 254.000 brasileiros trabalhando no Japão e apenas 90.000 japoneses trabalhando no Brasil.

Esses dois montantes submetem-se às regras de manutenção de cada país. Serão isoladamente mantidos, serão reajustados, aumentados ou sujeitos a revisão conforme a legislação de cada um dos países.

Contudo, se esta duração total exceder o período mínimo necessário para estabelecer o direito ao benefício sob a legislação do Brasil, a duração total será considerada igual ao período mínimo.

Sempre tomando como exemplo a aposentadoria por idade se o segurado dispuser de sete anos no Japão e 13 anos no Brasil (note-se, sem ter completado o período de carência em nenhum deles), mas ultrapassado os 15 anos no total, esse período excedente não será considerado.

2. O valor teórico do benefício mencionado no § 1, alínea (a), deste artigo não será, sob nenhuma circunstância, inferior ao valor mínimo garantido pela legislação do Brasil.

Aparentemente a renda mensal hipotética não poderia ser inferior a R$ 622,00 e isso pode significar que a renda mensal real seja inferior a esse piso, o que suscita o piso previdenciário mínimo. A IN INSS n. 45/2010 admite um valor menor.

3. Caso uma pessoa seja elegível a um benefício sob a legislação do Brasil sem a aplicação do § 1 deste artigo, a instituição competente do Brasil determinará o valor do benefício a ser pago com base exclusivamente nos períodos de cobertura completados por esta pessoa sob a legislação do Brasil.

Para essa hipótese, ou seja, quando a pessoa, um brasileiro ou um japonês, aqui residente preencha os requisitos legais previstos no PBPS, o valor da prestação se submeterá à legislação nacional (Lei n. 8.213/1991).

Dirce Namie Kosugi similou um exemplo dos cálculos, com um segurado que tenha trabalhado 48 meses no Japão e 132 meses no Brasil, completando a carência de 4 anos + 11 anos = 15 anos.

O total de 132 contribuições brasileiras soma R$ 371.056,10. Esse total dividido por 106 (80% de 132) e multiplicado por 85% (70% + 15%) resulta em R$ 2.975,45 (renda mensal hipotética).

Tal renda hipotética deve ser multiplicada por 11 (número de anos de contribuições brasileiras) e dividida pelo período de carência de 15 anos, resultando em R$ 2.181,99, a ser pago no Brasil (*Acordo de Previdência Social Brasil-Japão*, colhido em: <www.tnk.adv.br>).

Capítulo XVIII
Disposições Diversas

Parte IV – Disposições Diversas
Art. 18 – Colaboração Administrativa

1. As autoridades competentes de ambos os Estados Contratantes deverão:

Neste art. 18, o AIBJ estabelece obrigatoriamente quatro deveres para as autoridades competentes. Em alguns casos, como o da alínea "a", poderão suscitar dúvidas e desacordos, que terão de ser compostos entre si, às vezes reclamando até mesmo um ajuste administrativo. As relações jurídicas previdenciárias são complexas em cada país e, sobretudo, em face de um acordo que é genérico, diplomático e mal redigido.

a) concordar quanto às medidas administrativas necessárias à implementação deste Acordo;

Todas as medidas administrativas regulamentadoras do AIBJ que tenham influência nos países celebrantes terão de ser acordadas. Isso representa um seriíssimo esforço em face das desigualdades dos dois regimes previdenciários.

b) designar organismos de ligação para a implementação deste Acordo; e

Este talvez seja o dever mais fácil de ser realizado porque é de ordem política e administrativa interna de cada país. Como o Brasil já tem experiência com os acordos internacionais anteriores, desde 1970, não será difícil indicar quais os organismos de ligação.

c) comunicar reciprocamente, assim que possível, qualquer informação sobre mudanças em suas respectivas legislações que possam influenciar a implementação deste Acordo.

O art. 18 trata de aspectos puramente administrativos do AIBJ que dizem respeito aos órgãos gestores da Previdência Social brasileira e da japonesa.

Transformações ocorrem frequentemente no Brasil e, com isso, os interessados têm muitas dificuldades para movimentar essa máquina administrativa em relação aos acordos já celebrados.

Primeiro, apontar quais serão os organismos de ligação que tratarão da parte burocrática do AIBJ. Segundo, os órgãos gestores terão de se entender, negociar e cooperar para que sejam estabelecidos os trâmites burocráticos.

Principalmente, em terceiro lugar, todo o tempo da ciência das modificações havidas na legislação nacional.

2. As autoridades competentes e instituições competentes de ambos os Estados Contratantes, no âmbito de suas respectivas competências, proverão qualquer auxílio necessário à implementação deste Acordo.

No Brasil, o INSS arcará com todas as obrigações relativas à implantação do acordo Brasil-Japão. No Japão, igual se dará. O preceito fala em autoridades, que pessoalmente terão de tomar providências e instituições, que são pessoas jurídicas, com igual dever.

Essa assistência será gratuita.

Embora a redação não seja clara, sem dizer quem serão os assistidos, tradicionalmente não será possível cobrar qualquer valor dos interessados.

Capítulo XIX

Taxas e Emolumentos

Art. 19 – Taxas ou Emolumentos e Legalização

1. Quando a legislação e outras leis e regulamentos pertinentes de um Estado Contratante contiverem disposições de uma isenção ou redução de taxas administrativas ou emolumentos consulares para documentos a serem submetidos sob a legislação daquele Estado Contratante, estas disposições também serão aplicadas a documentos a serem submetidos na aplicação deste Acordo e da legislação do outro Estado Contratante.

Referindo-se pleonasticamente a outras leis e regulamentos, compreendidos na legislação do início da oração, o § 1 do art. 19 universaliza as isenções e desobrigações relativas a taxas e emolumentos, caso praticado num Estado nacional.

Diferentemente do que sucede na previdência complementar aberta ou fechada, no Brasil, em matéria de previdência social, o RGPS, os RPPS civis ou militares, não costumam cobrar taxas administrativas pela execução dos seus serviços. Logo, todo o procedimento interno do INSS ou do MPS relativo ao acordo é dispensado dessas despesas.

2. Documentos apresentados para os propósitos deste Acordo e da legislação de um Estado Contratante não necessitarão de legalização ou qualquer outra formalidade similar por autoridades diplomáticas ou consulares.

Eis aqui uma novidade alvissareira, magnífica renúncia estatal à burocracia. A documentação referente ao acordo bilateral de previdência social não tem de observar a formalização diplomática.

Os órgãos gestores brasileiros e japoneses, chamados de ligação pela diplomacia, poderão se comunicar diretamente, sem terem de se haver com os respectivos Ministérios das Relações Exteriores.

Capítulo XX

Comunicação entre Gestores

Art. 20 – Comunicação

1. Ao implementar este Acordo, as autoridades competentes e as instituições competentes de ambos os Estados Contratantes podem comunicar-se diretamente entre si em língua portuguesa ou japonesa e com qualquer pessoa envolvida, onde quer que esta pessoa possa residir.

O § 1 do art. 20 complementa o comando do art. 19 afirmando que não há necessidade de intermediação dos governos centrais dos dois países. Funcionarão apenas os órgãos de ligação. No Brasil, o MPS e, se for o caso, a Comissão Mista, mais ninguém.

Significa também que esses órgãos poderão se comunicar com os interessados, mesmo que eles estejam residindo em outros países que não os contratantes do acordo.

Deixa claro que a troca de correspondência poderia ser feita em português ou japonês e deveria autorizar, da mesma forma, por ser praticamente um idioma internacional, a língua inglesa.

2. Ao implementar este Acordo, as autoridades competentes e as instituições competentes de um Estado Contratante não podem rejeitar requerimentos ou quaisquer outros documentos pelo motivo de que eles estejam redigidos na língua do outro Estado Contratante.

Independentemente do direito à prestação, assegurando o direito de protocolar, a disposição sob comentário assegura que os requerimentos poderão ser vazados nas duas línguas sem que possam ser rejeitados por isso.

Com isso, quebra-se uma regra tradicional no Direito Administrativo brasileiro que sempre exigiu o vernáculo português nas comunicações.

Isso significa que o órgão gestor do acordo internacional terá de adotar um servidor com conhecimento da língua japonesa, que traduzirá o requerimento, para que isso não sirva de embaraço ao seu encaminhamento nas nossas repartições públicas.

Na verdade, aqui no Brasil essas autoridades não podem deixar de protocolar qualquer pedido, ainda que seja evidente a inexistência do direito na avaliação do servidor encarregado do protocolo.

Capítulo XXI

Confidencialidade das Informações

Art. 21 – Transmissão e Confidencialidade de Informações

1. As autoridades competentes ou instituições competentes de um Estado Contratante transmitirão, de acordo com suas leis e regulamentos, às autoridades competentes ou instituições competentes do outro Estado Contratante informações sobre uma pessoa coletadas sob a legislação daquele Estado Contratante, na medida em que aquela informação seja necessária à implementação deste Acordo.

O art. 21 diz respeito ao sigilo à privacidade das pessoas, que é um direito constitucional assegurado por nossa Carta Magna.

Todos os comandos previstos na nossa legislação terão de ser respeitados, especialmente os que dizem respeito aos exames médicos.

Evidente que somente as informações necessárias ao cumprimento do acordo é que poderão ser fornecidas.

Salvo disposição contrária nas leis e regulamentos daquele outro Estado Contratante, aquela informação será usada exclusivamente para o propósito de implementar este Acordo.

A parte final do parágrafo indica o que antes se asseverou: as informações que serão prestadas pelos órgãos gestores serão, exclusivamente, as que dizem respeito ao acordo.

2. As autoridades competentes ou instituições competentes de um Estado Contratante podem, a pedido das autoridades competentes ou instituições competentes do outro Estado Contratante, transmitir, de acordo com a legislação e outras leis e regulamentações pertinentes daquele Estado Contratante, informações sobre uma pessoa diversa daquela informação referida no § 1 deste Artigo, coletadas sob a legislação daquele Estado Contratante, às autoridades competentes ou instituições competentes daquele outro Estado Contratante, desde que elas sejam necessárias para a implementação da legislação daquele outro Estado Contratante.

O § 2, sem muitas explicações, abre uma exceção à regra do § 1.

Salvo disposição contrária nas leis e regulamentos daquele outro Estado Contratante, aquela informação será usada exclusivamente para o propósito de implementar a legislação daquele outro Estado Contratante.

As informações mencionadas nos §§ 1 e 2 desse artigo recebidas por um Estado Contratante serão governadas pelas leis e regulamentos daquele Estado Contratante para a proteção da confidencialidade de dados pessoais.

Capítulo XXII

Requerimento dos Benefícios

Art. 22 – Apresentação de Requerimentos, Recursos e Declarações

1. Quando um requerimento de benefícios por escrito, um recurso ou qualquer outra declaração sob a legislação de um Estado Contratante for submetida a uma autoridade competente ou instituição competente do outro Estado Contratante que é competente para receber requerimentos, recursos ou declarações similares sob a legislação daquele outro Estado Contratante, aquele requerimento de benefícios, recurso ou declaração será considerada como submetida na mesma data à autoridade competente ou instituição competente do primeiro Estado Contratante e será tratada de acordo com o procedimento e a legislação do primeiro Estado Contratante.

O art. 22 trata de três providências distintas, que tem de ser esmiuçadas para sua exata compreensão: a) requerimento de um benefício; b) interposição de um recurso; e c) declaração fornecida pelo órgão gestor.

De um brasileiro ou japonês envolvido com o AIBJ solicitar algo ao INSS relativo às prestações previdenciárias, é preciso que os órgãos competentes japoneses tomem conhecimento desse pedido (exceto, é claro, quando disserem respeito a questões formais e que não afetem direitos).

Ele autoriza o residente de um país a recorrer de decisão tomada pelas autoridades do outro país (como é caso da negativa do benefício ou de uma revisão de cálculo).

Um brasileiro informado dessa mesma decisão agora tomada pelas autoridades japonesas poderá dela recorrer, aqui protocolando sua irresignação. Dá-se exemplo quando solicitou a totalização de um período japonês que não foi perfeitamente demonstrado.

Já um japonês que queira computar tempo de contribuição do Brasil, requererá o benefício no órgão próprio do seu país. Da mesma forma como antes explicitado, se o INSS indeferir o seu pedido de cômputo do tempo de serviço, ele poderá recorrer dessa decisão.

Nos dois casos, o brasileiro aqui residente não terá de ir ao Japão nem o japonês lá morador vir ao Brasil.

Os prazos para o protocolo das inconformidades, os procedimentos administrativos ou judiciários serão os mesmos do país do recorrente.

No Brasil, requerimentos são protocolados nas APS e de decisões dessas APS cabe Recurso Ordinário à Junta de Recursos (Portaria MPS n. 548/2011).

Da decisão da Junta de Recursos cabe Recurso Especial à Câmara de Julgamento do CRPS (Portaria MPS n. 548/2011).

Vencido o trâmite administrativo, restará o Poder Judiciário federal.

2. A autoridade competente ou instituição competente de um Estado Contratante enviará o requerimento de benefícios, recurso ou qualquer outra declaração submetida de acordo com o § 1 deste artigo à autoridade competente ou instituição competente do outro Estado Contratante sem demora.

Pela disposição do § 2 fica claríssimo que o interessado protocolará o seu requerimento escrito junto da autoridade responsável do país em que reside (organismo de ligação), a qual encaminhará cópia à autoridade do outro país.

Evidentemente, esse duplo expediente, máxime levando em conta as diferenças de aplicação, integração e interpretação dos temas nas distintas legislações, pode chegar a resultados inesperados e protelar significativamente a decisão final.

No que diz respeito a dois períodos de cobertura, se um deles for indiscutível, deve prestar-se para a decisão, prosseguindo a pendência em relação ao discutível.

Capítulo XXIII

Resolução de Desacordos

Art. 23 – Resolução de Desacordos

Qualquer desacordo quanto à interpretação ou aplicação deste Acordo será resolvido mediante consultas entre os Estados Contratantes.

Esse é um preceito um tanto inócuo, assevera que as discordâncias entre os dois países derivadas da aplicação ou da interpretação do texto do AIBJ serão solucionadas mediante consultas mútuas entre as autoridades competentes das duas nações.

Nada obstante a clara menção aos Estados Contratantes, supõe-se que as consultas ocorrerão entre os organismos de ligação e não entre os governos. Portanto, o INSS entrará em contato direto com o órgão gestor japonês na tentativa de solucionar a dúvida suscitada.

Que fique claro que, nos termos do art. 2º do Decreto n. 7.702/2012, que aprovou o tratado no Brasil, as decisões tomadas que implicarem sua revisão serão submetidas ao Congresso Nacional, conforme o art. 49, I, da Carta Magna:

> "I – resolver definitivamente sobre tratados, acordos ou atos internacionais que acarretem encargos ou compromissos gravosos ao patrimônio nacional."

No caso de as mencionadas consultas não resultarem numa solução definitiva, não foi eleito um foro para a solução final. Uma sugestão seria a apreciação por parte do Poder Judiciário do país em que ocorreu o problema, *ad referendum* do Poder Judiciário do outro país.

Se nem assim for possível solucionar o questionamento, caberá o reexame da disciplina da matéria e o estabelecimento de cláusula inovadora compondo questionamento. Para isso, a troca das Notas Diplomáticas até que se chegue a um acordo.

Vale lembrar que os desacordos entre um trabalhador e as entidades gestoras, que o oponham aos organismos de ligação, aos ministérios e aos órgãos gestores da previdência social dos dois países, serão compostos administrativamente por esses gestores e, se for o caso, pelo Poder Judiciário de cada país.

Essa é uma questão em aberto e somente a experiência futura dirá quais serão as soluções mais bem indicadas para cada caso.

Capítulo XXIV

Comissão Mista

Art. 24 – Comissão Mista

Os Estados Contratantes poderão estabelecer uma Comissão Mista composta por representantes das autoridades competentes e instituições competentes de ambos os Estados Contratantes.

Essa cláusula do AIBJ autoriza a constituição de uma Comissão Mista, cujos integrantes serão brasileiros e japoneses. Representantes das autoridades ou instituições competentes são a mesma coisa; o que se quis dizer é que, no Brasil, o presidente do INSS ou o INSS designarão servidores para compor essa comissão.

O ideal é que ela seja integrada por pessoas com grande conhecimento jurídico em matéria de Direito Previdenciário, Direito Público Internacional, relações diplomáticas, pois em muitíssimos casos elas serão responsáveis por desfazer dúvidas, divulgar normas complementares, enfim, funcionarem como órgãos de consulta.

Esta Comissão Mista será responsável por monitorar a aplicação deste Acordo.

O papel atribuído pelo acordo é de acompanhamento das ações que visam ao cumprimento das disposições do tratado binacional.

É perceptível que esse monitoramento recorda a figura do *ombudsman*. Monitoramento ativo para que não seja apenas um órgão consultivo.

Esta Comissão Mista reunir-se-á quando necessário, seja no Brasil ou no Japão, a pedido de qualquer Estado Contratante.

Em cada país, quando da fixação do Regimento Interno dessa comissão, importa estabelecer quais são os seus membros e quando se reunirão.

A disposição final deixa claro que não se trataria de uma comissão situada em cada país, mas única, o que torna mais difícil sua operacionalidade. Se assim for, ela poderá ter sede nos dois países e, quando for necessário, se reunirá naquele em que foi evidenciado o problema suscitador.

Com os recursos da *internet*, os participantes poderão tomar conhecimento dos problemas trazidos para discussão, examiná-los a distância e tentarem se compor.

Com o passar do tempo se verificará que esse se tornará um órgão administrativo superior ao qual o interessado recorrerá para a busca da solução dos questionamentos.

Capítulo XXV
Explicação dos Títulos

Art. 25 – Títulos

Os títulos de Partes, Capítulos e artigos deste Acordo são inseridos somente para a conveniência de referência e não afetarão a interpretação deste Acordo.

Consagrando uma verdadeira regra de interpretação, diz o art. 25 que as menções às divisões da exposição do texto normativo do AIBJ (constituído de partes, capítulos, artigos e parágrafos) são meramente indicativas da matéria a seguir disciplinada e que não interfeririam no texto.

A informação não é adequada na medida em que tais títulos delimitam a circunscrição do conteúdo.

Quando fala em benefícios japoneses (AIBJ, art. 13), não está tratando de benefícios brasileiros e, é claro, ao regrar o direito ao cálculo das prestações brasileiras, os comandos não se aplicam às prestações nipônicas.

Por esse motivo equivocou-se o elaborador da norma; ao contrário do que ele assevera, esses títulos são relevantes e devem ser considerados na aplicação e na interpretação.

Nossas leis nem sempre têm o hábito de atribuir título aos artigos, mas comumente nomeiam livros, títulos, capítulos, seções e subseções. O acordo, entretanto, aprecia identificar o que será regulamentado e deve ser aplicado em consonância com esses títulos.

Capítulo XXVI

Disposições Finais e Transitórias

Parte V – Disposições Finais e Transitórias

Art. 26 – Eventos e Decisões Anteriores à Entrada em Vigor

1. Este Acordo não conferirá nenhum direito a benefícios por qualquer período anterior à sua entrada em vigor.

À luz do que diz o § 2º do AIBJ, não se sabe exatamente o que o elaborador dessa cláusula quis dizer com o § 1 deste art. 26.

Possivelmente nenhum benefício deferido antes de 1º.3.2012 nos dois países poderia ser revisto, para que fossem aplicados os postulados do acordo, ainda que isso favorecesse os beneficiários e não causasse prejuízo ao patrimônio das instituições.

Se um *dekassegui* com 65 anos de idade voltou ao Brasil e aqui solicitou uma aposentadoria por idade, contando com 15 anos brasileiros e sem totalizar 10 anos de contribuições no Japão porque o acordo não tinha eficácia (imaginando-se até mesmo um benefício deferido desde 29.7.2010), ele não poderá contar com 95% do salário de benefício, conformando-se apenas com 85%. Já se a DIB for posterior a 1º.3.2012, ele contará com os 25 anos, indo a 95%.

O texto asseveraria que ele se destina ao futuro e que nada do sucedido antes dele teria utilidade; nem tempo de serviço, sinistro etc. Mas essa não é a melhor interpretação, caso contrário uma aposentadoria por idade somente ocorreria em 2027 e essa não é a intenção da *mens legislatoris*.

Os demais tratados internacionais de previdência social celebrados pelo Brasil, como as leis, consideram períodos anteriores para o fim de definir os benefícios.

Resta a dúvida se o texto estaria dizendo que são prestações deferidas anteriormente a 1º.3.2012 ou aquelas que atenderam aos pressupostos mas não foram requeridas nem deferidas. A nosso ver, a vedação vale apenas aos benefícios concedidos e em manutenção. Se alguém estiver aposentado antes do acordo e não puder computar período de trabalho realizado no Japão e desejar tê-lo integrado no seu patrimônio previdenciário terá de buscar guarita no Poder Judiciário.

2. Na implementação deste Acordo serão também levados em consideração períodos de cobertura completados antes de sua entrada em vigor, bem como outros eventos legalmente pertinentes ocorridos antes da sua entrada em vigor.

Nada obstante esse intrigante "também", que pressupõe uma melhor interpretação do § 1, agora garante o § 2 que os períodos e os eventos (sinistros) ocorridos antes de sua eficácia têm validade para o acordo.

Se um japonês filiou-se à previdência social japonesa em 2005 e contribuiu por sete anos, mudou-se para o Brasil, aqui se filiou por oito anos e completou 65 anos de idade, fará jus à aposentadoria por idade, nos dois países, devendo o Japão pagar 7/15 e o Brasil 8/15 da renda mensal hipotética.

3. Ao aplicar os §§ 1 ou 4 do art. 7, no caso de uma pessoa que esteja trabalhando no território de um Estado Contratante antes da entrada em vigor deste Acordo, os períodos de deslocamento ou atividade por conta própria mencionados nos §§ 1 ou 4 do art. 7 serão considerados como tendo início na data de entrada em vigor deste Acordo.

O § 3 parece confirmar o entendimento do § 1 quando afirma que o tempo de filiação anterior à data da eficácia se contará tão somente desde essa data.

4. Decisões tomadas antes da entrada em vigor deste Acordo não afetarão quaisquer direitos constituídos em virtude deste Acordo.

Quais seriam essas "decisões tomadas" antes da entrada em vigor do acordo, que não afetariam tais direitos?

Decisões tomadas possivelmente quer dizer deferimentos ou indeferimentos de prestações solicitadas (por exemplo, querendo computar um tempo do outro país). Depois de 29.2.2012, esse tempo será considerado *ex vi legis* do acordo celebrado.

5. A aplicação deste Acordo não resultará, para um beneficiário, em qualquer redução do valor de benefícios para o qual o direito havia sido estabelecido antes da entrada em vigor deste Acordo.

Se alguém preencheu os requisitos legais antes de 1º.3.2012 e o exercitou oportunamente, não será prejudicado em respeito ao ato jurídico perfeito e ao direito adquirido.

Essa é uma informação despicienda e, ao mesmo tempo, necessária. Despicienda porque o Brasil e o Japão observam o princípio do direito adquirido. Necessária em razão de evitarem-se interpretações contrárias a ele, as quais sempre sobrevêm.

Note-se que *a contrario sensu* a norma não rege a melhora do benefício.

6. Sujeito ao § 1 deste artigo, caso um requerimento de um benefício de acordo com disposições deste Acordo seja apresentado dentro de dois anos após a entrada em vigor deste Acordo, o benefício correspondente poderá ser pago a partir do momento em que as condições necessárias forem satisfeitas.

Agora ainda sem se saber se está falando do conteúdo do § 5, ou seja, de que preencheu os requisitos legais naquele período ou de quem tinha tempo de serviço anterior a 29.7.2010, esse § 6 garante que a DIB do benefício será a data do preenchimento dos requisitos legais.

Se o requerimento for feito após o prazo de dois anos após a data da entrada em vigor deste Acordo, os efeitos desse requerimento estarão sujeitos à legislação do Estado Contratante pertinente.

Entretanto, se o requerimento se der após dois anos contados de 1º.3.2012, em 1º.3.2014, a regra será a do país em que o benefício foi solicitado.

No Brasil essas regras são as seguintes:

DIB na DER

No comum dos casos, quem solicita um benefício à DIB será a Data de Entrada do Requerimento (DER). No caso da aposentadoria, se solicitada 90 dias após o afastamento do trabalho, será na DER.

Pensão por morte

Pensão por morte solicitada até 30 dias depois da Data do Óbito (DO) do segurado tem o seu início na DO. Se requerida após essa data, será na DER.

Prescrição de mensalidades

O direito é imprescritível, mas prescrevem as mensalidades não auferidas em cinco anos.

Prescrição contra menores

Contra os menores, ausentes e incapazes não corre a prescrição.

Capítulo XXVII
Vigência e Eficácia

Art. 27 – Entrada em Vigor

Este Acordo entrará em vigor no primeiro dia do terceiro mês após o mês no qual os Estados Contratantes tenham completado a troca de Notas diplomáticas informando reciprocamente que suas respectivas exigências constitucionais necessárias à entrada em vigor deste Acordo foram cumpridas.

Tendo sido assinado em 29.7.2010 em Tóquio, passados 90 dias após a possível troca das notas diplomáticas e uma vez aprovado pelo Congresso Nacional em 30.9.2011, o Decreto n. 7.702/2012 determinou que a vigência brasileira deve ser dia 1º.3.2012.

No Japão será outra data, atendendo ao seu ordenamento jurídico.

De antemão, sabe-se que essa data-base é importante para a interpretação do acordo, convindo esmiuçá-la à exaustão.

Se tomarmos o dia 30.9.2011 como de encerramento do processo diplomático, o acordo entraria em vigor em 1º.1.2012, mas notas diplomáticas foram trocadas em 9.12.2011.

A exigência constitucional brasileira se deu com a aprovação pelo Congresso Nacional (Decreto Legislativo n. 298/2011); logo, o AIBJ valeria 90 dias após 30.9.2011, mas possivelmente porque teriam sido trocadas notas diplomáticas finais em 9.12.2011, rigorosamente essa data-base deve ser três meses depois, em 1º.3.2012.

Capítulo XXVIII
Vigência e Denúncia

Art. 28 – Vigência e Denúncia

Este Acordo permanecerá em vigor por um período indefinido. Qualquer dos Estados Contratantes pode denunciar este Acordo junto ao outro Estado Contratante, via canal diplomático, mediante aviso escrito de denúncia deste Acordo.

Os acordos diplomáticos são estudados, negociados e celebrados. De regra destina-se para vigorarem dali para frente e sempre sem interrupções. Mas eles também podem perder a eficácia.

O art. 28 diz mais ou menos isso e regulamenta como se processaria o seu encerramento, designado tecnicamente como "denúncia".

Neste caso, o Acordo permanecerá em vigor até o último dia do décimo segundo mês seguinte ao mês no qual a denúncia foi apresentada.

Futuro do acordo

Disciplinando uma obviedade, o § 1 diz que o acordo se destina para todo o tempo e a partir de sua eficácia. Logo, não se pensará em interrupção ou suspensão de suas regras, mas é claro que os seus termos poderão ser modificados ao longo do tempo, segundo a conveniência das partes.

A experiência das relações mostrará a necessidade de atualizações.

Denúncia

Tanto o Brasil quanto o Japão podem pôr fim ao tratado bilateral; para isso, basta os canais diplomáticos de cada nação cientificarem a parte contrária.

Vale recordar que, em direito internacional, denúncia é uma renúncia e, como tal, unilateral.

Evidentemente, antes disso, a comissão mista empenhará todos os esforços possíveis para que isso não aconteça, tentando resolver as pendências e, se for o caso, acrescendo novas cláusulas.

Diferimento da eficácia

Denunciado expressamente o acordo, isto é, revogadas as suas cláusulas, elas ainda vigerão por 12 meses, um prazo de diferimento bastante pequeno.

2. Em caso de denúncia deste Acordo conforme § 1 deste Artigo, serão preservados os direitos quanto à elegibilidade ou ao pagamento de benefícios adquiridos sob este Acordo.

O § 2 deve ser aplaudido por respeitar o ato jurídico perfeito e o direito adquirido.

Assim, ainda que denunciado o acordo e ultrapassado o prazo de um ano, as prestações mantidas serão preservadas e quem, até doze meses após a data dessa denúncia, preencher os requisitos legais, da mesma forma fará jus às prestações.

Como se observa, então ele vigerá enquanto viver o último beneficiário.

Em testemunho do que, os abaixo-assinados, devidamente autorizados por seus respectivos Governos, firmaram este Acordo.

Observando a pomposa redação diplomática, os signatários confirmam a sua disposição, e devidamente autorizados pelos seus governos, firmaram os termos do acordo. Rigorosamente, eles não apenas testemunham, mas atribuem eficácia ao acordado.

Feito em Tóquio, em 29 de julho de 2010, em duplicata, em português, japonês e inglês. Em caso de qualquer divergência de interpretação, o texto em inglês prevalecerá.

O uso da expressão "duplicata" significa que um texto original foi duplicado em três idiomas: português, japonês e inglês. Ou seja, duas cópias em português, em japonês e em inglês (*sic*).

Apêndice

Acordos Bilaterais do Brasil

Nº	País	Data do Acordo	Decreto legislativo	Decreto
1	Argentina	10.8.1980	95/1982	87.918/1982
2	Cabo Verde	7.2.1979		
3	Chile	16.10.1993	75/1995	1.875/1996
4	Espanha	16.5.1991	123/1995	1.689/1995
5	Itália	30.1.1974		80.138/1977
6	Grécia	12.9.1984	123/1995	99.088/1990
7	Luxemburgo	16.9.1965	52/1966	60.968/1967
8	Portugal	7.5.1991	95/1992	1.457/1995
9	Mercosul	15.12.1997	451/2001	5.722/2006
10	Uruguai	27.1.1977	67/1978	85.248/1980
11	Japão	29.7.2010	298/2011	7.702/2012
12	Paraguai	1973		
13	Alemanha	3.2.2009		
14	Bélgica	Out. 2009		
15	Canadá	Nov. 2009		
16	Países Baixos	7.3.2009		
17	França	3.3.2011		

Comentários aos arts. 467/486 da IN INSS n. 45/2010

Seção XII – Dos Acordos Internacionais de Previdência Social

Excetuando-se o art. 85-A do PCSS e os arts. 11, X, e 382 do RPS, não há lei ordinária cuidando dos acordos internacionais. São decretos legislativos, decretos presidenciais (que reproduzem os textos dos tratados) e a IN INSS n. 45/2010, uma espécie de norma regulamentadora.

Além do Parecer CJ/MPS n. 2.136/2000 e dos documentos emitidos no Congresso Nacional por suas comissões. Sem falar no Parecer da Comissão de Relações Exteriores e Defesa Nacional, assinado pelo senador Aloysio Nunes Ferreira e da Mensagem n. 974/2010, dessa Comissão, assinada pelo deputado Luiz Nishimori.

Art. 467. Os Acordos Internacionais se inserem no contexto da política externa brasileira, conduzida pelo Ministério das Relações Exteriores e resultam de esforços do MPS e de entendimentos diplomáticos entre governos.

Com o Acordo Internacional Brasil-Japão (AIBJ), inicia-se uma nova era das relações internacionais previdenciárias. A condução administrativa dos acordos internacionais se efetivará com os organismos de ligação, monitorados pelo MPS e nem tanto mediante a intermediação do Ministério das Relações Exteriores, como antes sucedia, mas esse Ministério ainda mantém grande participação nas relações diplomáticas previdenciárias. E as exercitou com sucesso quando das tratativas havidas entre os dois países amigos.

Sempre que houver necessidade, os Ministérios das Relações Exteriores dos dois países serão os canais de comunicação entre os governos das nações acordantes. Eles processarão as eventuais Notas Diplomáticas necessárias.

Art. 468. Os Acordos Internacionais têm por objetivo principal garantir os direitos de Seguridade Social previstos nas legislações dos dois países, especificados no respectivo acordo, aos trabalhadores e dependentes legais, residentes ou em trânsito nos países acordantes.

A despeito da menção à seguridade social, os direitos assegurados referem-se enfaticamente à previdência social e raramente são estendidos aos da assistência social.

No Brasil, como qualquer estrangeiro, um japonês tem direito ao SUS; embora ainda polêmico, pode-se afirmar que também faz jus ao benefício da LOAS (V. Repercussão Geral no RE n. 586.970-4/SP de 4.6.2009, acolhida pelo STF).

Desde já fica claro que diz respeito aos imigrantes em caráter definitivo, aos que adquiriram dupla cidadania, a quem está em trânsito e de passagem pelo território nacional, além dos embarcados.

Art. 469. Os Acordos Internacionais de Previdência Social aplicar-se-ão ao regime de Previdência de cada País, neles especificados, cabendo a cada Estado Contratante analisar os pedidos de benefícios apresentados e decidir quanto ao direito e às condições, conforme legislação própria aplicável e as especificidades de cada Acordo.

O art. 469 preserva a independência da iniciativa dos órgãos gestores dos diferentes países. Quem decide sobre a existência de um benefício e o defere ou não é a autoridade competente. Cabe ao INSS ou a um RPPS civil ou militar, à luz da legislação vigente, apreciar a pretensão deduzida administrativamente, quando for o caso, nessa análise, recorrendo ao texto do AIBJ.

Somente os comandos previdenciários expressamente contemplados nos acordos. Com isso, por exemplo, os congressistas brasileiros não serão beneficiários do AIBJ.

Não existem disposições sobre previdência complementar; enquanto esse vazio legislativo não for devidamente disciplinado, os servidores submetidos ao disposto no art. 40, §§ 14/16, da Carta Magna apenas terão direito a computar período de cobertura japonês cifrado ao valor de R$ 3.916,20.

Importa salientar que resultarão dois pedidos distintos, cada um deles com encaminhamento burocrático próprio, cenário que suscitará eventuais desencontros. Basta imaginar se o Japão não acolher a pensão por morte dos homoafetivos.

Possivelmente apenas o Brasil concederia o benefício, mas a aposentadoria por invalidez que se presta para o cálculo da pensão por morte não computaria o tempo de contribuição nipônico.

Art. 470. Os Acordos Internacionais de Previdência Social entre o Brasil e os países acordantes são assinados pelas autoridades dos Estados Contratantes, sendo que, no Brasil, são aprovados pelo Congresso Nacional e promulgados e assinados pelo presidente da República por meio de Decretos.

Consoante o nosso ordenamento constitucional, o acordo Brasil-Japão foi aprovado pelo Congresso Nacional em 30.9.2011, quando adquiriu existência no nosso país.

O texto equivocou-se, falando em promulgação do decreto; mas isso não existe, somente leis são promulgada se o decreto é apenas editado pelo presidente da República. Rigorosamente, ele se limita a dar publicidade ao Decreto Legislativo que aprovou o acordo.

O AIBJ foi aprovado em 30.9.2011, quando adquiriu validade no nosso país. Posteriormente, com o Decreto n. 7.702/2012 adquiriu eficácia.

Art. 471. O Brasil mantém Acordo de Previdência Social com os países constantes do Anexo V, na forma e condições nele previstas.

Ao Anexo V da IN INSS n. 45/2010 deve ser acrescido o recente acordo Brasil-Japão. E muitos outros, entre os quais: Alemanha, Bélgica, Canadá, Quebec, Estados Unidos, Colômbia, Coreia do Sul, França, Holanda, Inglaterra, Irlanda, Israel, Líbano, Moçambique, Síria, Suíça, Ucrânia, além do Convênio Multilateral Ibero-Americano de Seguridade Social, que estão em andamento, mas não aprovados.

Art. 472. São beneficiários dos Acordos Internacionais os segurados e respectivos dependentes, sujeitos aos regimes de Previdência Social dos países acordantes, previstos no respectivo ato.

No Brasil podem se beneficiar do AIBJ os trabalhadores da iniciativa privada sujeitos ao RGPS, os servidores públicos civis e militares. A última hipótese é mais remota, mas nada impede que um militar brasileiro conte o tempo de serviço do Japão. Principalmente o período de cobertura trabalhista.

§ 1º Os funcionários públicos brasileiros e seus dependentes, atualmente sujeitos a RPPS, estarão amparados pelos acordos firmados de Previdência Social no Brasil, desde que haja previsão expressa nesses instrumentos.

Ignorando que a Carta Magna não mais alude ao vocábulo "funcionário", mas se refere a "servidor", o § 1º, como que prevendo o advento do AIBJ, diz que subsistente previsão nos acordos bilaterais, os servidores serão incluídos. Vale ressaltar que a expressão "funcionários públicos" geralmente era reservada para os civis. E o AIBJ acolhe também os servidores militares.

Imagina-se, de regra, estar se referindo a pessoas que trabalharam no exterior sujeitas a um regime trabalhista (designados como celetistas) e que, posteriormente, ingressaram no serviço público brasileiro.

Não há menção aos congressistas, que foram excluídos, mas os parlamentares (deputados estaduais e vereadores) observam o acordo.

§ 2º A Previdência Social brasileira ampara os segurados e seus dependentes, estendendo os mesmos direitos previstos em legislação aos empregados de origem urbana e rural.

Fica claro que todos os brasileiros estão incluídos, rurícolas ou citadinos. A IN n. 45/2010 se equivoca ao afirmar que, do mundo rural, apenas os empregados seriam protegidos. Rigorosamente, ela quis dizer "trabalhadores", entre os quais empregadores, contribuintes individuais, segurados especiais etc., obreiros que atuam na área rural e que desde 24.7.1991 estão no RGPS.

Esqueceu-se de prestar o tributo que a agricultura brasileira deve ao imigrante japonês desde 1908.

Art. 473. Os acordos internacionais estabelecem a prestação de assistência médica (Certificado de Direito à Assistência Médica — CDAM) aos segurados e seus dependentes, filiados ao RGPS brasileiro, que se deslocam para o exterior e ao segurado e seus dependentes, filiados à Previdência estrangeira, em trânsito pelo Brasil.

Os brasileiros que se deslocam do País devem buscar um CDAM para que possam ter atendimento no exterior. O CDAM normal ou prorrogado deve ser requerido no DENASUS.

Parágrafo único. Os serviços de que trata o *caput* são operacionalizados pelos escritórios de representação do Ministério da Saúde (Departamento Nacional de Auditoria do Ministério da Saúde — DENASUS) nos Estados e no Distrito Federal.

O DENASUS é o órgão que os brasileiros devem consultar antes de viajar para o exterior para a obtenção do documento.

Art. 474. Os pedidos de benefícios brasileiros de segurados do RGPS com inclusão de períodos de atividades no exterior, exercidos nos países acordantes, serão concedidos pelas APS designadas pelas Gerências Executivas que atuam como organismo de ligação, observando o último local de trabalho no Brasil, e mantidos nos órgãos pagadores.

Fica claro onde os brasileiros e os japoneses que atuaram no Japão solicitarão benefícios. Essas mesmas APS são aquelas que, uma vez deferido o benefício, ali serão mantidas.

Parágrafo único. Nos casos em que o segurado optar pelo recebimento no Brasil ou quando residente em país para o qual o Brasil não remeta os pagamentos dos benefícios, deverá ser solicitada a nomeação de um procurador no Brasil, ficando os valores pendentes até a apresentação da procuração.

De modo geral, como as pessoas habitualmente residem em apenas um país e os acordos adotam a divisão dos encargos, os interessados devem constituir um procurador para receber o benefício no país onde não residam e encaminhar os valores para onde estão domiciliados.

Art. 475. Os períodos de contribuição cumpridos no país acordante poderão ser totalizados com os períodos de seguros cumpridos no Brasil, para efeito de aquisição de benefício, manutenção e de recuperação de direitos, com a finalidade de concessão de benefício brasileiro por totalização, no âmbito dos Acordos Internacionais.

O texto desse art. 475 não parece ter sido redigido por um advogado, carecendo de explicações.

Períodos de contribuição são tempos de contribuição ou, caso alguém prefira, tempos de filiação. Totalizados quer dizer adicionados, computados ou somados. Períodos de seguros são os tempos de contribuição. Recuperação de direitos possivelmente significa revisão de cálculo. Benefício por totalização é prestação com cômputo de tempo de serviço no Japão.

> **Art. 476.** O período em que o segurado esteve ou estiver em gozo de benefício da legislação previdenciária do Estado contratante será considerado somente para fins de manutenção da qualidade de segurado.

O acordo adota o mesmo postulado da legislação brasileira: a percepção de um benefício preserva a qualidade de segurado. Evidentemente, se alguém já obteve um benefício num dos países, esgotando a relação jurídica, não mais poderá utilizar o período de cobertura para fins do acordo. Mais ainda, se na hipótese legal resgatou os valores, é como se não tivesse sido filiado.

> **Parágrafo único.** O período de que trata o *caput* deste artigo não poderá ser computado para fins de complementação da carência necessária ao benefício da legislação brasileira.

Ainda uma vez adota-se um preceito brasileiro: exceto no caso do salário-maternidade, quem está em gozo de benefício não contribui e a carência é um período mínimo de contribuições. Note-se que fala dos dois países.

> **Art. 477.** O benefício de aposentadoria por tempo de contribuição será devido aos segurados amparados pelos Acordos de Previdência Social bilateral que o Brasil mantém com Portugal, Espanha, Grécia, Argentina, Uruguai e Cabo Verde, desde que preencham todos os requisitos para concessão desse benefício, utilizando períodos cumpridos naquele outro Estado, sendo que, nos casos da Argentina e Uruguai, considerando que no Acordo Multilateral de Seguridade Social do Mercosul não há previsão expressa desse tipo de benefício, somente serão reconhecidos, por força do direito adquirido, aqueles que comprovarem a implementação dos requisitos necessários no período em que estiveram em vigência os acordos bilaterais dos dois países.

Esse dispositivo é complexo, menciona um rol de países e trata de dois ou três assuntos. Primeiro, refere-se à aposentadoria por tempo de contribuições (não incluída no AIBJ). Segundo, garante que o tempo de serviço num país somado ao do outro pode atender ao requisito do tempo de contribuição. Assim, 15 anos em Portugal e 20 anos no Brasil dão direito a nossa aposentadoria por tempo de contribuição, devendo o INSS pagar 20/35 do benefício hipotético.

Com o advento do MERCOSUL e o silêncio sobre a aposentadoria por tempo de contribuição, os acordos com o Uruguai e a Argentina deixaram de ter validade, e somente para quem tem direito adquirido antes da derrogação desse direito é que pode computar o tempo de contribuição daqueles dois países.

> **Parágrafo único.** Em conformidade com o Parecer/CJ/n. 2.135, de 17 de maio de 2000, do MPS, o benefício de aposentadoria por tempo de contribuição será

devido aos segurados amparados pelo Acordo de Previdência Social entre o Brasil e o Uruguai que preencham todos os requisitos para a concessão deste benefício, utilizando os períodos cumpridos no Uruguai.

O parágrafo único do art. 477 manda aplicar a regra do seu *caput* a quem prestou serviços no Uruguai.

Art. 478. O empregado de empresa com sede em um dos Estados Contratantes que for enviado ao território do outro, por um período limitado, continuará sujeito à legislação previdenciária do primeiro Estado, sempre que o tempo de trabalho no território de outro Estado não exceda ao período estabelecido no respectivo Acordo, mediante:

Um brasileiro que se desloque para ir trabalhar no Japão por prazo determinado manterá a filiação ao sistema brasileiro (exceto se presente norma contrária). Ele terá de atender aos itens I/III do art. 478.

I – fornecimento de Certificado de Deslocamento Temporário, objetivando a dispensa de filiação desses segurados à Previdência Social do país onde estiver prestando os serviços temporariamente;

Ou seja, que ele consiga a dispensa da obrigatoriedade de filiação naquele Estado.

II – oficialização ao país acordante; e

Que aquele Estado Contratante seja cientificado do fato.

III – comunicação à unidade local da SRFB.

Por último, que o INSS tome ciência dos acontecimentos.

§ 1º Se o tempo de trabalho necessitar ser prorrogado por período superior ao inicialmente previsto, poderá ser solicitada a prorrogação da dispensa de filiação à previdência do Estado Contratante, onde o trabalhador estiver temporariamente prestando serviço, observando-se os períodos no respectivo Acordo, ficando a autorização a critério da autoridade competente do país de estada temporária.

Pode dar-se de o trabalho executado no Japão reclamar a presença do brasileiro por mais algum tempo. Ele terá de entrar em contato com as autoridades do país acolhedor para providenciar a prorrogação do prazo e manutenção do *status* previdenciário. Claro, isso somente será possível se houver acordância desse país.

§ 2º As regras previstas no *caput* deste artigo estendem-se ao contribuinte individual que presta serviço de natureza autônoma, desde que previsto no decreto que aprovou o acordo.

Em cada caso, no que diz respeito aos contribuintes individuais, impõe-se a necessidade de previsão do decreto regulamentador. Os principais são: empresários urbano e rural, autônomo, eventual e eclesiástico.

§ 3º A solicitação de deslocamento do contribuinte individual, referente ao Acordo Brasil/Portugal, somente poderá ser autorizada após o "de acordo" da outra parte contratante.

Particularizando em relação a Portugal, somente após autorização desse país é que se cumprirá o disposto no artigo comentado.

§ 4º Em se tratando de prorrogação da dispensa de filiação de empregados em deslocamento no Brasil, antes da autorização da prorrogação deverá ser verificada na unidade local da SRFB a regularidade fiscal da empresa a qual o segurado está prestando serviço.

Curiosamente e dispondo sobre regularidade de situação, a SRFB, Secretaria da Receita Federal do Brasil, terá de ser consultada.

Art. 479. Os serviços previstos no art. 478 são de competência das Gerências Executivas, que atuam como Organismos de Ligação conforme a Portaria MPS n. 204, de 10 de março de 2003.

A Portaria MPS n. 204/2003 foi revogada pela Portaria MPS n. 555/2010 e esta pela Portaria MPS n. 136/2010.

§ 1º Organismos de Ligação de que trata o *caput* são os órgãos designados pelas autoridades competentes dos Estados Contratantes, para que haja comunicação entre as partes, a fim de garantir o cumprimento das solicitações formuladas no âmbito dos Acordos.

Os organismos de ligação são setores designados pelas autoridades competentes dos Acordos de Previdência Social para comunicarem entre si e garantir o cumprimento das solicitações formuladas no âmbito dos Acordos, bem como os devidos esclarecimentos aos interessados. Com a Resolução n. 136/2010, a operacionalização de cada Acordo de Previdência Social ficou em um único Organismo de Ligação, conforme abaixo:

Acordo do Brasil	Organismo de Ligação	Telefone
Portugal e Cabo Verde	Gerência São Paulo Sul APS Vila Mariana	(11) 3503-3607/3608
Espanha	Gerência Rio de Janeiro Centro APS Almirante Barroso	(21) 2272-3515/3438
Itália	Gerência Belo Horizonte APS Santa Efigênia	(31) 3249-4227/4228
MERCOSUL: Argentina, Paraguai e Uruguai	Gerência Florianópolis APS Florianópolis Centro	(48) 3298-8125
Chile	Gerência Recife APS Santo Antônio	(81) 3412-5576/5492
Grécia e Luxemburgo	Gerência Distrito Federal APS Brasília Sul	(61) 3319-2504/2588

§ 2º Nos municípios onde não houver Organismo de Ligação, o atendimento aos interessados será feito por meio das APS das Gerências-Executivas que, após a formalização do processo, encaminhá-lo-á ao Organismo de Ligação de sua abrangência.

Este § 2º deixa clara a regra para os municípios que não dispõem de Organismos de Ligação. As APS do INSS receberão as solicitações e as encaminharão às APS autorizadas com Organismos de Ligação.

Art. 480. Os períodos de seguros cumpridos em RPPS brasileiro poderão ser considerados, para efeito de benefício no âmbito dos Acordos Internacionais, obedecidas as regras de contagem recíproca e compensação previdenciária, nas seguintes situações:

Contagem recíproca é um mecanismo de acerto de contas da Lei n. 6.696/1997 entre o RGPS e o RPPS e entre este e o RGPS, mediante o qual um tempo de serviço da iniciativa privada pode ser portado para um RPPS e deste para o RGPS e nesse regime receptor ali averbado, computado e aproveitado para fins dos benefícios (PBPS, art. 94/1999).

I – período de RPPS anterior ao período no RGPS, mesmo estando vinculado por último ao regime de previdência do Estado acordante, previsto no respectivo Acordo;

O tempo de serviço prestado a um órgão público poderá ser levado ao RGPS e ali ser considerado para fins dos acordos internacionais, sendo relevante notar que agora essa pessoa não mais é servidora.

II – período de RPPS posterior ao período no RGPS, estando vinculado por último a um regime de previdência do Estado acordante, previsto no respectivo Acordo ou se já afastado, não ter transcorrido o prazo que caracteriza perda de qualidade de segurado; e

Agora, ao contrário e especialmente válido no AIBJ, o tempo de iniciativa privada averbado num RPPS valerá para a hipótese de o acordo acolher essa situação.

III – não poderão ser considerados os períodos dos RPPS brasileiros, no âmbito do Acordo Internacional, quando não houver período de seguro para o RGPS brasileiro.

Para o inciso III, se ocorrer simultaneidade de filiações, o tempo de serviço público não será considerado, caso o trabalhador não pertença ao RGPS. O dispositivo é estranho e limitador, possivelmente ilegal.

Parágrafo único. Não cabe ao RGPS pagar compensação previdenciária referente a períodos de contribuições que forem efetuadas para a Previdência de outro Estado acordante.

Aparentemente o parágrafo único está dizendo que não há acerto de contas entre os países, como sucede dentro do Brasil com a contagem recíproca.

Art. 481. Os segurados atualmente residentes nos países acordantes poderão requerer os benefícios da legislação brasileira por meio dos Organismos de Ligação do país de residência, que o encaminhará ao Organismo de Ligação brasileiro.

Iniciando a dicção no plural, portanto falando de brasileiros e de estrangeiros, nota-se pequena confusão vernacular no dispositivo. O que se quis dizer é que os estrangeiros, sem residirem no Brasil, poderão requerer os nossos benefícios desde que encaminhem o pedido ao seu Organismo de Ligação, que os encaminhará ao órgão de ligação brasileiro.

Art. 482. Com relação ao Acordo de Previdência Social com Portugal, os períodos de contribuição nas antigas colônias portuguesas poderão ser utilizados para efeito de aplicação do referido Acordo, se forem referentes à época em que o respectivo país fora oficialmente colônia de Portugal, desde que ratificados pelo Organismo de Ligação português.

O Brasil mantém acordo de previdência social com Portugal desde 1970. Algumas das antigas colônias portuguesas tornaram-se países independentes. Os tempos de serviços prestados nesses países, então colônias lusitanas, serão considerados no Brasil, uma vez que sejam ratificados pelo Organismo de Ligação português.

Parágrafo único. As colônias a que se refere o *caput* deste artigo são as atuais Repúblicas de Guiné-Bissau, Moçambique, Cabo Verde, São Tomé e Príncipe e Angola.

São seis ex-colônias, mencionadas expressamente no parágrafo único do art. 482. O Brasil mantém acordo direto com Cabo Verde.

Art. 483. O salário de benefício, para fins de cálculo da prestação teórica dos benefícios por totalização, no âmbito dos acordos internacionais, do segurado com contribuição para a Previdência Social Brasileira, será apurado:

O art. 483 trata do salário de benefício do benefício hipotético, que chama de prestação teórica. De modo geral, são praticamente as mesmas regras para o brasileiro que pede um benefício aqui inteiramente realizado e fora do AIBJ.

São três hipóteses possíveis: a) quem pagou no Brasil com mais de 60% do período básico de cálculo desde o Plano Real. Em 2012 seriam 60% de 216 meses = 129 meses; b) quem tem um período básico de cálculo inferior a esses 60%; e c) quem começou a recolher ao Plano Real.

I – quando houver contribuído, no Brasil, em número igual ou superior a sessenta por cento do número de meses decorridos desde a competência julho de 1994, mediante a aplicação do disposto nos arts. 175 e 176;

Se alguém recolheu pelo menos desde julho de 1994, em junho de 2012 deterá 216 meses; a soma desses 80% maiores salários de contribuição, mensalmente corrigidos, será dividida pelo número de meses de contribuição.

II – quando houver contribuído, no Brasil, em número inferior ao indicado no inciso I, com base no valor da média aritmética simples de todos os salários de contribuição correspondentes a todo o período contributivo contado desde julho de 1994, multiplicado pelo fator previdenciário, observados os arts. 169 a 176; e

A redação final dá a impressão de que somente nesses casos é aplicado o fato previdenciário, mas ele é válido nos dois incisos.

III – sem contribuição, no Brasil, a partir da competência julho de 1994, com base na média aritmética simples de todo o período contributivo, multiplicado pelo fator previdenciário, observado o disposto no § 2º do art. 188-A do RPS, e quando for o caso, observado o disposto nos arts. 169 a 176.

Se o trabalhador tem um período básico de cálculo que começou depois do Plano Real, a soma dos salários de contribuição será dividida pelo número de meses. Note-se que é a mesma regra de quem pagou desde julho de 1994.

Parágrafo único. O tempo de contribuição a ser considerado na aplicação da fórmula do fator previdenciário é o somatório do tempo de contribuição para a Previdência Social brasileira e o tempo de contribuição para a Previdência Social do país acordante.

O tempo de contribuição que faz parte da fórmula do fator previdenciário levará em conta o tempo de serviço dos dois países.

A fórmula matemática é:

$$\frac{TC \times 0{,}31 \times \{1 + Id + (TC \times 0{,}31)\}}{EX\ 100}$$

TC é o tempo de contribuição, EX é a expectativa de vida e ID é a idade do segurado.

Dá-se um exemplo simples: TC = 40, EX = 20 e ID = 60.

40 x 0,31 = 1,24 ÷ 20 = 0,6200

1 + 60 + 12,4 = 1,7240

0,6200 x 1,7240 = 1,0688

Art. 484. O benefício concedido no âmbito dos Acordos Internacionais, calculado por totalização de períodos de seguro ou de contribuição prestados nos dois países, será constituído de duas parcelas, quando gerar direito em ambas as partes contratantes.

Do ponto de vista prático, esse é o dispositivo mais importante que trata dos acordos bilaterais. Pena que fala em duas palavras diferentes, períodos de seguro e períodos de contribuição. Exceto se estiver falando de períodos sem contribuição quando menciona os períodos de seguro, não havia necessidade da distinção. No Brasil, desde a EC n. 20/1998, abstraindo as exceções, a regra é considerar apenas os períodos de contribuição. Pelo menos, para efeito do período de carência.

Dois benefícios

Ab initio fica claro que serão dois benefícios, com identidades próprias, cálculos e valores reais distintos. A norma chama esses dois benefícios de duas parcelas.

§ 1º Verificado o direito ao benefício, cada país calculará o valor do benefício como se todos os períodos de seguros tivessem sido cumpridos sob sua própria legislação sendo que, para a base de cálculo (PBC) do benefício brasileiro, serão considerados os salários-de-contribuição que deram origem a recolhimentos no Brasil, prestação teórica.

Desse texto fica a impressão de que apenas os recolhimentos brasileiros fariam parte do cálculo, mas isso não é necessariamente verdadeiro, quando o acordo dispuser pela validade das contribuições realizadas no exterior.

Verificação do direito

A primeira tarefa do órgão gestor do benefício será examinar a presença dos eventos determinantes: a) qualidade de segurado; b) período de carência; e c) evento determinante.

Cálculo separado

Em seguida, calcular o benefício à luz da nossa legislação, como se as contribuições alienígenas fossem nacionais.

Salários de contribuição

Os salários de contribuição serão sopesados usualmente dentro do período básico de cálculo.

Renda hipotética

O valor da renda mensal inicial obtida será considerado como teórico, virtual ou hipotético.

§ 2º A parcela a cargo de cada parte contratante será calculada utilizando-se a seguinte fórmula:

RMI (1) = RMI (2) x TS/TT

onde:

RMI (1) = prestação proporcional

RMI (2) = prestação teórica

TS = tempo de serviço no Brasil

TT = totalidade dos períodos de seguro cumpridos em ambos os países (observado o limite máximo, conforme legislação vigente).

Pensando numa hipotética aposentadoria por tempo de contribuição, para compreensão da fórmula, suponhamos que a prestação teórica seja de R$ 3.000,00 (nos dois países) e que uma trabalhadora tenha trabalhado 10 anos no Japão e 20 anos no Brasil, num total de 30 anos.

Logo, 1/3 do cálculo de lá e 2/3 aqui.

RMI (1) = R$ 3.000,00 multiplicada por 10 e dividida por 30 = R$ 1.000,00.

RMI (2) = R$ 3.000,00 multiplicada por 20 e dividida por 30 = R$ 2.000,00.

§ 3º A renda mensal dos benefícios por totalização, concedidos com base nos Acordos Internacionais de Previdência Social, pode ter valor inferior ao do salário mínimo, exceto para os benefícios concedidos por totalização, no âmbito do Acordo da Espanha, conforme determina o item 2, alínea "b", art. 21 do Acordo Brasil e Espanha.

Excepcionado o acordo com a Espanha, aqueles cálculos podem resultar em valor inferior a R$ 622,00 (o que pode produzir polêmica no Brasil em face da Carta Magna).

Art. 485. Quando o titular do benefício, mantido sob a legislação brasileira, estiver em mudança de residência para um dos países com os quais o Brasil mantém Acordo de Previdência Social, e havendo mecanismo de remessa de pagamento para o país pretendido, poderá solicitar a transferência de seu benefício para recebimento naquele país.

Numa medida de grande alcance, um brasileiro com direito a benefício que se desloque para um país com o qual o Brasil mantenha acordo de previdência social poderá requerer que o pagamento se faça naquele país de residência.

Art. 486. Os períodos concomitantes de seguro ou de contribuição prestados nos dois países serão tratados conforme definido no texto de cada Acordo.

A regra é que períodos distintos ocorridos simultaneamente não poderiam ser aproveitados, apenas os sucessivos, mas cada um dos acordos poderá dispor diferentemente.

Note-se que essa é praticamente a mesma regra da nossa contagem recíproca. Que, ao mesmo tempo, trabalhou para um RPPS e para o RGPS, somente computará esse período nesse RPPS ou nesse RGPS.

Portaria MPS n. 204, de 10 de Março de 2003 (DOU de 11.03.2003) – Revogada

O Ministro de Estado da Previdência Social, no uso das atribuições que lhe confere o art. 87, parágrafo único, inciso II da Constituição Federal;

Considerando o disposto nas Leis n. 8.212 e n. 8.213, ambas de 24 de julho de 1991, e no Regulamento da Previdência Social, aprovado pelo Decreto n. 3.048 de 6 de maio de 1999;

Considerando a elevada e crescente demanda por serviços no âmbito dos Acordos Internacionais de Previdência Social celebrados pelo Brasil;

Considerando a implementação de melhorias no Sistema Único de Benefícios capaz de atender às peculiaridades próprias dos benefícios concedidos no âmbito desses acordos;

Considerando a necessidade de descentralizar as unidades encarregadas de desenvolver as atividades pertinentes, denominadas por Organismos de Ligação, e

Considerando a distribuição dos estrangeiros oriundos dos países com os quais o Brasil mantém acordo de Previdência Social pelo território,

RESOLVE:

Art.1º Atribuir competência às Gerências Executivas relacionadas no Anexo I, para atuarem nas respectivas áreas de abrangência indicadas, como Organismos de Ligação com os países com os quais o Brasil mantém acordo de previdência social para, respeitadas as disposições acordadas:

I – autorizar dispensa de filiação à Previdência Social brasileira de estrangeiro em regime de deslocamento temporário no Brasil, em caso de prorrogações;

II – solicitar dispensa de filiação à Previdência Social dos países acordantes para brasileiro que, temporariamente, preste serviços naqueles países, em caso de prorrogação;

III – executar procedimentos relacionados à análise e encaminhamento aos países acordantes das solicitações referentes à formalização dos processos de benefícios no âmbito das legislações estrangeiras;

IV – encaminhar aos países acordantes informações sobre a situação do segurado junto à Previdência Social brasileira e demais procedimentos relacionados às solicitações, no âmbito dos Acordos Internacionais.

Art. 2º Análise e conclusão dos benefícios brasileiros, no âmbito dos Acordos Internacionais, serão realizadas pelas Agências da Previdência Social relacionadas no Anexo II.

Art. 3º O Instituto Nacional do Seguro Social tomará as providências necessárias para que as Gerências Executivas de que trata esta Portaria sejam estruturadas, física e administrativamente, para atender a essa nova demanda de serviços.

Art. 4º Revoga-se a Portaria MPS/GM n. 4.817 de 29 de março de 2000.

Art. 5º Esta Portaria entra em vigor na data de sua publicação.

RICARDO BERZOINI

Este texto não substitui o publicado no DOU de 11.3.2003 — seção 1 — p. 32.

Anexo I
(Gêrencias Executivas a que se refere o art. 1º)

I. Gerência Executiva de Manaus — 03.001, Seção de Orientação da Manutenção do Reconhecimento de Direitos — 03.501.14 — abrangência: Rondônia, Amazonas e Acre;

II. Gerência Executiva de Salvador — 04.001, Serviço de Orientação da Manutenção do Reconhecimento de Direitos — 04.501.14 — abrangência: Bahia e Sergipe;

III. Gerência Executiva de Fortaleza — 05.001, Serviço de Orientação da Manutenção do Reconhecimento de Direitos — 05.501.14 — abrangência: Ceará, Maranhão, Piauí e Rio Grande do Norte;

IV. Gerência Executiva de Goiânia — 08.001, Seção de Orientação da Manutenção do Reconhecimento de Direitos — 08.501.14 — abrangência: Goiás;

V. Gerência Executiva de Cuiabá — 10.001, Seção de Orientação da Manutenção do Reconhecimento de Direitos — 08.501.14 — abrangência: Mato Grosso, Mato Grosso do Sul e Roraima;

VI. Gerência Executiva de Belo Horizonte — 11.001, Serviço de Orientação da Manutenção do Reconhecimento de Direitos — 11.501.14 — abrangência: Minas Gerais e Espírito Santo;

VII. Gerência Executiva de Belém — 12.001, Serviço de Orientação da Manutenção do Reconhecimento de Direitos — 12.501.14 — abrangência: Pará e Amapá;

VIII. Gerência Executiva de Curitiba — 14.001, Serviço de Orientação da Manutenção do Reconhecimento de Direitos — 14.501.14 — abrangência: Paraná;

IX. Gerência Executiva do Recife — 15.001, Serviço de Orientação da Manutenção do Reconhecimento de Direitos — 15.501.14 — abrangência: Pernambuco, Alagoas e Paraíba;

X. Gerência Executiva do Rio de Janeiro — Centro — 17.001, Serviço de Orientação da Manutenção do Reconhecimento de Direitos — 17.501.14 — abrangência: Rio de Janeiro;

XI. Gerência Executiva de Porto Alegre — 19.001, Serviço de Orientação da Manutenção do Reconhecimento de Direitos — 19.501.14 — abrangência: Rio Grande do Sul;

XII. Gerência Executiva de Florianópolis — 20.001, Seção de Orientação da Manutenção do Reconhecimento de Direitos — 20.501.14 — abrangência: Santa Catarina;

XIII. Gerência Executiva de São Paulo — Pinheiros — 21.003, Seção de Orientação da Manutenção do Reconhecimento de Direitos — 20.501.14 — abrangência: São Paulo; e

XIV. Gerência Executiva do Distrito Federal — 23.001, Serviço de Orientação da Manutenção do Reconhecimento de Direitos — 23.501.14 — abrangência: Tocantins e Distrito Federal;

Anexo II

I. Gerência Executiva de Manaus — 03.001 — Agência Manaus Codajas — 03-001.050;

II. Gerência Executiva de Salvador — 04.001 — Agência Brotas — 04-001.030;

III. Gerência Executiva de Fortaleza — 05.001 — Agência Fortaleza Aldeota — 05-001.050;

IV. Gerência Executiva de Goiânia — 08.001 — Agência Goiânia Oeste — 08-001.060;

V. Gerência Executiva de Cuiabá — 10.001 — Agência Centro — 10-001.030;

VI. Gerência Executiva de Belo Horizonte — 11.001 — Agência Belo Horizonte Sapucaí — 11-001.080;

VII. Gerência Executiva de Belém — 12.001 — Agência Costa e Silva — 12-001.040;

VIII. Gerência Executiva de Curitiba — 14.001 — Agência João Negrão — 14-001.030;

IX. Gerência Executiva do Recife — 15.001 — Agência Santo Antônio — 15-001.120;

X. Gerência Executiva do Rio de Janeiro — Centro — 17.001 — Agência Rio de Janeiro — 17-001.020;

XI. Gerência Executiva de Porto Alegre — Agência Porto Alegre Centro — 19-001.020;

XII. Gerência Executiva de Florianópolis — 20.001 — Agência Florianópolis Centro — 20-001.030;

XIII. Gerência Executiva de São Paulo — Pinheiros — 21.001 — Agência Pinheiros — 21-003.030; e

XIV. Gerência Executiva do Distrito Federal — 23.001 — Agência Brasília — 23-001.010.

Portaria MPS N. 555/2010
(DOU de 30.12.2010)

O MINISTRO DE ESTADO DA PREVIDÊNCIA SOCIAL, no uso das atribuições que lhe confere o art. 87, parágrafo único, inciso II da Constituição e tendo em vista o disposto no art. 12 da Lei n. 9.784, de 1º de fevereiro de 1999, resolve:

Art. 1º Delegar competência ao presidente do Instituto Nacional do Seguro Social — INSS para:

I – designar os Organismos de Ligação que serão responsáveis pela operacionalização dos Acordos Internacionais em que o Brasil seja parte;

II – praticar os atos inerentes aos Acordos Internacionais para o seu fiel cumprimento, especialmente quanto a:

a) autorizar dispensa de contribuição à Previdência Social brasileira de estrangeiros em regime de deslocamento temporário no Brasil, bem como para os casos previstos nas regras de exceção e opção.

b) solicitar dispensa de contribuição à Previdência Social relativa aos países acordantes para brasileiros que temporariamente prestem serviço naqueles países, bem como para os casos que se enquadram nas regras de exceção.

Parágrafo único. As competências tratadas nos incisos antecedentes poderão ser subdelegadas, no todo ou em parte, pelo presidente do INSS.

Art. 2º Esta Portaria entra em vigor na data de sua publicação.

Art. 3º Revoga-se a Portaria MPS/GM/n. 204, de 10 de março de 2003, publicada no DOU de 11 de março de 2003, seção 1, página 32.

CARLOS EDUARDO GABAS

Resolução MPS n. 136, de 30 de Dezembro de 2010

Atribui competências aos Organismos de Ligação para atuarem no âmbito dos Acordos Internacionais e dá outras providências.

FUNDAMENTAÇÃO LEGAL:

Lei n. 8.212, de 24 de julho de 1991;

Decreto n. 3.048, de 6 de maio de 1999;

Acordo Multilateral de Seguridade Social do Mercado Comum do Sul — MERCOSUL, promulgado pelo Decreto n. 5.722, de 13 de março de 2006;

Acordo de Previdência Social entre Brasil e Argentina, promulgado pelo Decreto n. 87.918, de 7 de dezembro de 1982;

Acordo de Previdência Social entre Brasil e Uruguai, promulgado pelo Decreto n. 85.248, de 13 de outubro de 1980;

Acordo de Previdência Social entre Brasil e Chile, promulgado pelo Decreto n. 1.875, de 25 de abril de 1996;

Convênio de Previdência Social entre Brasil e Espanha, promulgado pelo Decreto n. 1.689, de 7 de novembro de 1995;

Acordo de Previdência Social entre Brasil e Grécia, promulgado pelo Decreto n. 99.088, de 9 de março de 1990;

Convenção sobre Seguros Sociais entre Brasil e Luxemburgo, promulgada pelo Decreto n. 60.968, de 7 de julho de 1967;

Acordo de Seguridade Social entre Brasil e Portugal, promulgado pelo Decreto n. 1.457, de 17 de abril de 1995;

Acordo de Migração entre Brasil e Itália, promulgado pelo Decreto n. 57.759, de 8 de fevereiro de 1966;

Protocolo Adicional ao Acordo de Migração assinado entre Brasil e Itália, promulgado pelo Decreto n. 80.138, de 11 de agosto de 1977;

e Portaria MPS n. 555, de 29 de dezembro de 2010.

O PRESIDENTE SUBSTITUTO DO INSTITUTO NACIONAL DO SEGURO SOCIAL — INSS, no uso das atribuições que lhe confere o Decreto n. 6.934, de 11 de agosto de 2009,

Considerando os Acordos Internacionais firmados com os países: Cabo Verde, Chile, Espanha, Itália, Grécia, Luxemburgo, Portugal e o Acordo Multilateral de Seguridade Social do MERCOSUL, bem como os novos Acordos que se encontram na fase de ratificação com a Alemanha, Bélgica, Canadá, Estados Unidos, Japão, Quebec e o Convênio Multilateral Ibero-americano de Seguridade Social, assim como os demais Acordos que se encontram em tratativas com a Colômbia, Coreia do Sul, França, Holanda, Inglaterra, Irlanda, Israel, Líbano, Moçambique, Síria, Suíça e Ucrânia;

Considerando o art. 85-A da Lei n. 8.212, de 24 de julho de 1991 e o art. 382 do Decreto n. 3.048, de 6 de maio de 1999, que estabelece que os tratados, convenções e outros acordos internacionais de que Estado estrangeiro ou organismo internacional e o Brasil sejam partes, e que versem sobre matéria previdenciária, serão interpretados como lei especial;

Considerando a delegação de competência para o presidente do INSS constante da Portaria MPS n. 555, de 29 de dezembro de 2010;

Considerando a necessidade de atribuir a execução dos procedimentos relativos a cada Acordo Internacional a um único Organismo de Ligação, facilitando o intercâmbio de informações entre os países signatários;

Considerando a celebração de novos Acordos Internacionais, visando a proporcionar cobertura previdenciária aos imigrantes; e

Considerando a necessidade de redefinir as unidades encarregadas de desenvolver as atividades pertinentes, denominadas por Organismos de Ligação, resolve:

Art. 1º A operacionalização de cada Acordo Internacional se realizará em um único Organismo de Ligação, na forma constante do Anexo I.

Parágrafo único. Para fins de execução das atividades relacionadas aos Acordos Internacionais, entende-se por Organismo de Ligação os órgãos designados a efetuarem a comunicação com os países acordantes, garantindo o cumprimento das solicitações formuladas no âmbito dos Acordos Internacionais.

Art. 2º Compete às Agências da Previdência Social — APS constantes do Anexo I atuarem como Organismos de Ligação em relação aos países com os quais o Brasil mantém Acordo Internacional.

Art. 3º As APS a que se refere o artigo anterior serão responsáveis por:

I – autorizar dispensa de contribuição à Previdência Social brasileira de estrangeiros em regime de deslocamento temporário no Brasil, bem como para os casos previstos nas regras de exceção e opção;

II – solicitar dispensa de contribuição à Previdência Social relativa aos países acordantes para brasileiro que temporariamente preste serviço naqueles países, bem como para os casos que se enquadrarem nas regras de exceção;

III – emitir os formulários de Ligação, Certificados de Deslocamento Temporário e respectivas prorrogações;

IV – informar aos países acordantes sobre as decisões proferidas, resultantes da análise das solicitações referentes aos processos de benefícios no âmbito dos Acordos Internacionais; e

V – encaminhar aos países acordantes as informações sobre a situação do segurado junto à Previdência Social brasileira quando requeridas, bem como prestar atendimento às demais solicitações apresentadas pelos países signatários dos Acordos Internacionais.

Art. 4º Os atuais Organismos de Ligação constantes do Anexo II deverão transferir os processos em análise que não puderem ser concluídos no prazo de cento e vinte dias contados da publicação deste ato para os novos Organismos de Ligação constantes do Anexo I, considerando a nova distribuição das atividades dos Acordos Internacionais.

§ 1º Os processos não concluídos no prazo fixado no artigo anterior por falta de respostas do Organismo estrangeiro deverão ser encaminhados ao Organismo de Ligação competente, com cópia dos ofícios expedidos ao exterior.

§ 2º O acervo dos processos que se encontram arquivados nos Organismos de Ligação constantes no Anexo II deverão permanecer arquivados e somente serão encaminhados aos Organismos de Ligação designados por esta resolução caso solicitados.

Art. 5º Esta Resolução entra em vigor trinta dias a partir da data de sua publicação e revoga o art. 1º e os Anexos I e II da Orientação Interna INSS/DIRBEN n. 83, de 28 de abril de 2003.

BENEDITO ADALBERTO BRUNCA

Cronologia da Imigração Japonesa no Brasil
(Fonte Wikipédia)

• **1803:** Quatro tripulantes japoneses do barco a vela *Wakamiya Maru* afundado no mar do Japão, a bordo dos navios russos *Nadezhda* e *Neva*, aportam na cidade litorânea de Nossa Senhora do Desterro, atual Florianópolis (20 de dezembro).

• **1895:** O Tratado de Amizade, Comércio e Navegação Japão-Brasil é assinado em Paris, França, estabelecendo as relações diplomáticas entre os dois países (5 de novembro).

• **1897:** O Tratado de Amizade, Comércio e Navegação entra em vigor (12 de dezembro). O Tratado de Amizade, Comércio e Navegação é promulgado (31 de março).

• **1907:** O acordo de imigração entre os dois países é firmado em São Paulo e assinado pelo Sr. Ryu Mizuno, diretor presidente da Cia. de Imigração Kôkoku do Japão e pelo Dr. Carlos Botelho, secretário da Agricultura do Estado de São Paulo (6 de novembro). Início da colonização japonesa na fazenda Santo Antônio em Conceição de Macabu no Estado do Rio de Janeiro (29 de novembro).

• **1908:** O navio *Kasato-Maru* parte do Japão (28 de abril). Após 51 dias de viagem, o primeiro grupo de 781 imigrantes japoneses contratados para trabalhar em lavouras de café no Estado de São Paulo, formado por 165 famílias de agricultores e 48 pessoas, chega ao porto de Santos com o navio *Kasato-Maru* (18 de junho).

• **1910:** O navio *Ryojun Maru* aporta em Santos com mais 906 trabalhadores a bordo (28 de junho).

• **1915:** A Escola Primária Taisho é fundada em São Paulo (7 de outubro).

• **1916:** A revista semanal "South America" começa a circular (janeiro).

• **1919:** "Clube do Japão" é fundado em São Paulo (11 de fevereiro).

• **1929:** Os primeiros imigrantes japoneses chegam à cidade de Tomé-Açu, no Pará (22 de setembro).

• **1932:** A Revolução de Defesa da Constituição irrompe em São Paulo (9 de julho).

• **1938:** As Escolas da Língua Estrangeira no Brasil (especialmente em japonês, alemão e italiano) são fechadas (25 de dezembro).

- **1939:** A cerimônia de abertura para o Hospital Japonês é realizada em São Paulo (29 de abril).
- **1941:** A publicação de jornais em japonês é proibida no país (31 de agosto). Início da Guerra do Pacífico (8 de dezembro).
- **1942:** As relações diplomáticas com o Japão são rompidas (19 de janeiro).
- **1945:** O Brasil declara guerra ao Japão (6 de junho). O Japão se rende (15 de agosto).
- **1946:** Ikuta Mizobe torna-se o primeiro *makegumi* assassinado em Bastos, São Paulo (7 de março). Tentativa de linchamento coletivo contra a colônia japonesa da cidade de Osvaldo Cruz, SP (31 de julho). O *São Paulo Shimbun*, um dos jornais da língua japonesa no Brasil, é lançado (12 de outubro).
- **1948:** Yukishige Tamura torna-se o primeiro deputado *nikkei* da cidade de São Paulo (janeiro).
- **1950:** A equipe japonesa de natação *Peixes Voadores* de Fujiyama chega ao Brasil (4 de março).
- **1951:** O primeiro navio japonês do pós-guerra *Kobe Maru* chega ao porto de Santos (28 de fevereiro).
- **1952:** O Tratado de Paz entre o Brasil e o Japão é assinado (28 de abril). O Acordo de Comércio Nipo-Brasileiro é assinado (12 de setembro).
- **1953:** Os primeiros imigrantes japoneses do pós-guerra chegam ao país (18 de janeiro). O Cine Niterói é inaugurado na rua Galvão Bueno, na Liberdade, em São Paulo (23 de julho).
- **1958:** Dr. Hideki Yukawa visita o país (14 de julho).
- **1959:** O primeiro-ministro do Japão, Shinsuke Kishi, visita o país (24 de julho).
- **1962:** O ex-primeiro-ministro do Japão, Shigeru Yoshida, visita o país (11 de maio).
- **1969:** O avião Varig começa a voar para o Japão (26 de junho).
- **1969:** Fabio Yasuda torna-se ministro de Comércio e Indústria (30 de outubro).
- **1970:** O cônsul japonês Nobuo Oguchi é sequestrado em São Paulo (11 de março). O cônsul japonês Nobuo Oguchi é libertado em São Paulo (15 de março).
- **1973:** O último navio de imigração *Nippon Maru* chega ao porto de Santos (27 de março).
- **1976:** O presidente brasileiro Ernesto Geisel visita o Japão pela primeira vez (15 de setembro).
- **1978:** O Museu Histórico da Imigração Japonesa no Brasil é inaugurado (18 de junho).
- **1981:** Paulo Maluf, governador de São Paulo, e seu grupo de 160 visitam o Japão (5 de novembro).

- **1982:** O príncipe japonês Hiro visita o país (4 de outubro).
- **1986:** O príncipe japonês Hitachi visita o país (3 de outubro).
- **1987:** Jorge Takimoto torna-se o vice-governador do Mato Grosso do Sul (15 de março).
- **1989:** Seigo Tsuzuki torna-se o ministro da Saúde e Saneamento (18 de janeiro).
- **1990:** Noboru Takeshita, primeiro-ministro japonês, visita o Brasil (14 de março).
- **1990:** O presidente brasileiro Fernando Collor visita o Japão (12 de novembro).
- **2008:** Naruhito, príncipe-herdeiro do trono do Japão, visita o país para ser recebido pelo presidente Luiz Inácio Lula da Silva em Brasília durante a comemoração do Centenário da imigração japonesa no Brasil (18 de junho).

Visto de Entrada

Visto de entrada é uma declaração oficial do governo autorizando a entrada de um estrangeiro no país emissor em favor de alguém que permanecerá por um certo período de tempo e com alguns objetivos.

O visto é geralmente carimbado ou anexo no passaporte.

Entrar em um país sem esse visto válido, isenção válida ou realizar atividades não cobertas por um visto (por exemplo, trabalhar com um visto de turismo) resulta na transformação do indivíduo num imigrante em situação ilegal, geralmente sujeito a deportação ao seu país natal, atividade que é muito comum.

Um visto pode ser negado por várias razões, algumas das quais provocadas pelo próprio solicitante:

1. Fraude ou incorreção no(s) formulário(s) de solicitação do visto;

2. Ficha criminal ou pendências jurídicas não concluídas;

3. Potencial risco à segurança do país de destino;

4. Falta de provas de laços com o país de origem, o que dificulta o convencimento do responsável pela emissão do visto de que o solicitante retornará ao local de partida;

5. Pretensão de residência e/ou emprego no país de destino;

6. Falta de razão aparente para a viagem;

7. Ausência de meios legais de sustento durante a viagem, ou mesmo para pagamento das despesas da jornada (passagem aérea, hospedagem em hotel, etc.);

8. Não apresentação de planos de viagem (*e.g.*: reservas de hotel, passagens aéreas etc.);

9. Falta de seguro de saúde, o que poderia levar o solicitante a recorrer ao serviço público de saúde do país de destino em caso de necessidade, o que geraria gastos;

10. Aparente imoralidade de caráter;

11. Solicitação do documento em prazo muito curto, em relação à data da viagem;

12. Negação de vistos anteriores solicitados, tornando o solicitante inelegível;

13. Cidadão de um país com fracas (ou nenhuma) relações diplomáticas com o país de destino;

14. Posse, por parte do solicitante, de notáveis problemas de saúde, como tuberculose;

15. Cometimento de crimes no país de destino (*e.g.*: ficou além do tempo permitido) e/ou foi deportado;

16. Validade do passaporte inferior à necessária;

17. Inutilização de um visto anterior sem aparente razão (a qual seria, por exemplo, uma doença entre familiares).

Os tipos comuns de vistos são:

1. *Visto de trânsito*, geralmente válido por três dias ou menos, para passar por um país rumo a uma terceira localidade;

2. *Visto de turista*, para um período limitado de viagem a lazer, sem atividades de negócios permitidas. Geralmente o único visto dado gratuitamente;

3. *Visto de negócios*, para envolvimento em comércio no país, geralmente com duração maior e de mais fácil renovação do que um visto de turismo;

4. *Visto de estudante*, que permite ao seu dono estudar em alguma instituição do país;

5. *Visto diplomático*, que confere à viagem *status* oficial e normalmente só está disponível para portadores de passaportes diplomáticos;

6. *Visto de jornalista*, que requer que pessoas nessa ocupação obtenham um ao viajar para suas respectivas organizações de notícias;

7. *Visto de noivo(a)*, dado por um tempo limitado antes da data de casamento baseada em relacionamento provado com um nacional do país de destino (por exemplo, um brasileiro que deseja casar-se com uma argentina, ou um português que deseja casar-se com uma espanhola).